EACHDRAIDH

Eachdraidh

Die Geschichte von eines Meisters Lehre zum Druiden, seiner Reise durch den Düsteren Wald und darüber hinaus

Mark Gold

Bibliografische Information der Deutschen Nationalbibliothek: Die Deutsche Nationalbibliothek verzeichnet diese Publikation in der Deutschen Nationalbibliografie; detaillierte bibliografische Daten sind im Internet über www.dnb.de abrufbar.

Herausgeber: Johannes Ervin
Copyright: Johannes Ervin 2015
Herstellung und Verlag:
BoD – Books on Demand, Norderstedt
ISBN: 978-3-7392-9044-7

Ziel dieses Buches war es, ein Bild der Gründer der europäischen Zivilisation zu zeichnen und dabei, abseits von esoterischen Träumereien, auf dem halbwegs gesicherten Boden von Keltologie, Soziologie und ähnlichen Erkenntnissen zu bleiben. Auch wollte ich nicht vergessen, dass genau in dieser Zeit die europäischen Mythen, Märchen und Legenden wurzeln.

Mein Dank gilt auch und vor allem Professor Raimund Karl (Dozent der Bangor University und Universität Wien) für seine herausragende Analyse eisenzeitlicher Sozialstrukturen, die es mir ermöglichte, einen gezielten, wissenschaftlich fundierten Einblick in das Leben der ersten Europäer zu bekommen.

Sprachforscher werden weniger erfreut sein, denn unter den Völkern der Kelten gab es unzählige Dialekte und ich bin überzeugt, dass Sprache sich mit den Siedlungen und mit der Zeit wandelt. Aus diesem Grund sind Namen und Bezeichnungen von mir nur phonetisch angelehnt und werden in der modernen Sprachforschung wohl kaum Entsprechung finden. Vielleicht aber in der europäischen Mythologie.

Mir ging es aber nicht um Forschung, sondern darum, eine Geschichte zu erzählen. Und dies so nah an der Wahrheit, wie das 4000 Jahre später möglich ist. Trotzdem bleibt es eine Geschichte, und ob sie sich wirklich so zugetragen hat, ist äußerst fraglich. Die Orte, Personen, Dinge und Ideen mag es so gegeben haben, da bin ich sicher. Nur werden wir über die Völker, die vor den Kelten lebten, vielleicht niemals mehr erfahren. Oder über den Grund, warum die Kelten zwar weite Teile Europas besiedelten, den Bereich nörd- und östlich der Donau jedoch mieden. Warum, trotz aller Unterschiede und Entfernungen, doch eine ziemlich einheitliche Kultur entstand. Oder warum der „große, dunkle Wald" immer wieder in den Märchen und Mythen der Menschen auftaucht.

Mark Gold

Müde setzte sich der junge Mann auf den von der Sonne gewärmten Stein. Schon weit war er an diesem Tag gewandert. Und die helle Sonne am fast wolkenlosen Himmel schien beweisen zu wollen, dass nach den langen, dunklen Monaten des Winters schon wieder ordentlich Kraft in ihr steckte. So lockte sie rings umher die ersten grünen Spitzen der Veilchen hervor und streute scheinbar wahllos die hellen Punkte der Frühlingsknotenblumen zwischen das zaghafte Grün des jungen Grases. Vorsichtig schienen sie und noch ein wenig unsicher, ob dieser Wärme denn überhaupt schon zu trauen war. Nur goldgelbe Büsche prangten bereits verschwenderisch in der Landschaft.

Als er von seinem Dorf aufgebrochen war, war noch Schnee gelegen, und das nicht nur am Waldrand. Aber seither waren viele Tage vergangen.

Wie viele Tage es waren, er hätte es so schnell nicht sagen können. Er hatte nicht daran gedacht, sie zu zählen. Es war ein fast wehmütiges Lächeln, das über sein jugendlich glattes Gesicht huschte, als er daran dachte, wie ungeduldig er am Anfang seiner Reise gewesen war. Jeden Tag hatte er erwartet, den großen Fluss hinter dem nächsten Hügel zu entdecken. Und gleich dahinter den von Sagen umwobenen nördlichen Wald, den düsteren Wald mit all seinen

Wundern. Den die Alten in den Geschichten so oft nannten. ‚Geh immer der aufgehenden Sonne entgegen. So lange, bis du den großen Fluss gefunden hast.' So hatte der alte Mann es ihm aufgetragen. Und Argalan war der aufgehenden Sonne entgegengeeilt. Weil er geglaubt hatte, der alte Mann hätte etwas von Eile gesagt. Die ersten Tage, so konnte er sich erinnern, da hatte er sich beeilt, war er gelaufen, von Hügel zu Hügel. Proviant und Wasser führte er mit sich, das sparte ihm Zeit, weil er nicht danach suchen musste. So wie er den größten Teil seines Erbes bei sich trug, seit sein Vater ihn zur Lehre entlassen hatte. Die Übungen, die ihm auf seine Reise ebenso mitgegeben worden waren, die hatte er vernachlässigt. Die Zeremonien, die notwendig waren, um den Tag zu gliedern, die hatte er halbherzig und hastig durchgeführt. Bis zu dem einen Tag, an dem er müde, atemlos und hungrig auf einem Hügel hingesunken war. Wütend auf den großen Fluss, der sich noch immer nicht zeigen wollte. Wütend auf den alten Mann, von dem er meinte, belogen worden zu sein. Wütend auf sich selbst, weil er, erschöpft, hungrig und mit pochendem Herzen, trotz müder Beine und knurrendem Magen den vermeintlich letzten Hügel hinaufgestürmt war. Doch dahinter hatte sich ihm wieder nur eine kleine Mulde dargeboten. Und nach der Ebene wieder nur ein unbedeutender Hügel. Wogendes Gras, ein paar verträumte Hecken, Wald und kleine Lichtungen. Aber noch immer kein Zeichen eines großen Flusses, sodass er allmählich zu zweifeln begann, ob es diesen großen Fluss nicht doch nur in den alten Sagen gab. Sollten alle die, die von ihm berichtet hatten, nur Aufschneider und Schaumschläger gewesen sein? Da war ihm, als klänge das Lachen des alten Mannes Garlond wieder in seinen Ohren. Was war doch gleich dessen Antwort gewesen auf die Frage, wie lange er denn unterwegs sein würde?

Zuerst hatte der Alte gelacht. Lange und laut, wie es seine Art war, und sein langes, graues Haar aus seinen übermütig blitzenden Augen geschüttelt. Um dann doch herablassend zu sagen: „Das kommt ganz darauf an, wie langsam du gehst. Und wie viel Achtsamkeit du auf die Dinge lenkst, die zu tun und zu entdecken sind."

In seinem Eifer hatte Argalan gemeint, der Alte riet ihm, nicht zu trödeln. Nicht bei all den Wundern, die ihm begegnen würden, zu lange zu verweilen, sondern seine ganze Achtsamkeit auf sein Ziel zu lenken. Nicht auf seinen Weg. Und so hatte er sich beeilt und war an hundert Dingen vorüber gestürmt, die er doch gerne bestaunt hätte.

Hungrig dort in dem Gras des Hügels sitzend, war er sich dann zum ersten Mal dieser Anweisung nicht mehr so sicher gewesen.

Der alte Mann wusste natürlich ganz genau, dass er mit solchen Worten auch die Neugier seines Schülers anstachelte. Und er wusste, dass unzählige Fragen und Versuche folgen würden, um Klarheit zu finden. Aber diesmal, anders als sonst in all den Jahren, hatte er sich von den Bitten des Jungen nicht erweichen und von den Finten nicht täuschen lassen. Nur ein fast hinterhältiges Lächeln hatte er ihm mitgegeben. Und einen einzigen Ratschlag fügte er beim Abschied noch hinzu – an jedem Tag das zu tun, was an diesem Tag zu tun war.

Oh, es hatte lange gedauert, bis Argalan diesen Ratschlag endlich verstanden hatte.

Also war er dort oben auf dem Hügel ans Werk gegangen.

Hatte, hungrig, wie er gewesen war, sein hastiges Herz gezügelt und aus den Tiefen seines Medizinbeutels die acht Steine der Welt entnommen, einen magischen Kreis gebaut und sich versenkt.

So wie Wut und Hast allmählich aus seinem Herzen gewichen waren, so war auch der Hunger erträglicher geworden. Und kaum hatte er seinen Weg dann fortgesetzt, da entdeckte er einen Strauch mit frühen Beeren. Allerdings etwas abseits des Weges. Dies war der Augenblick gewesen, an dem er aufgehört hatte, seine

Schritte zu zählen. Dies war der Tag gewesen, an dem er aufgehört hatte, die Tage zu zählen. Er hatte aufgehört, darüber zu grübeln, was sich wohl hinter dem nächsten Hügel verbergen würde. Dafür entdeckte er nun Pflanzen und Kräuter unzähliger Art. Viele davon konnte man immer gebrauchen, und so hatte sich sein Vorrat bald wieder gefüllt. Manche hatte er auch mitgenommen, gerade weil er sie nicht kannte. Sorgsam verwahrt in einem eigenen Beutel. Ernsthaft und ohne Hast widmete er sich nun den Zeremonien des Tages und ebenso ernsthaft betrieb er seine Übungen. So ernsthaft, dass er bald nur noch von einem Schritt zum nächsten dachte und nicht mehr an die vielen, die noch vor ihm lagen. Darum musste es kommen, dass er eines Tages unvermittelt auf einem Hügel stand und unter sich ein breites, glitzerndes Band in der Abendsonne erblicken musste. Der große Fluss, der Weg der mächtigen Göttin Danua. Lange hatte Argalan gesessen, auf diesen Fluss hinunter gesehen und an seinen alten Meister gedacht. Noch hätte er zurückkehren können in seine Heimat, in sein Dorf. Viele der Gesänge kannte er schon und auch das Wesen der Säfte war ihm nicht fremd. Sicherlich hätte er auch so den Platz des alten Garlond nach dessen Tod einnehmen können. Er zweifelte nicht daran. Manche der alten Meister machten es so. Aber Argalan wusste tief in sich, dass da noch vieles war, was ihn der alte Mann nicht lehren konnte. Und er wollte Teil der Bruderschaft werden. Darüber gab es für ihn keinen Zweifel. Schon seit er denken konnte. Doch dazu musste er über den Fluss. Wenn er aber über den Fluss ging, dann würde er seine Heimat nie mehr wiedersehen. So hatte ihm der Alte prophezeit, und es gab keinen Grund, daran zu zweifeln. Der junge Mann hatte seinen Blick fest auf den großen Fluss geheftet, als er mit einem Mal leise in sich hineinlächelnd den Boden mit seiner Handfläche berührt hatte, um dessen Kraft zu fühlen. Woher kamen nur diese dummen Gedanken? Wo auch immer die Große Mutter mit ihrer Kraft das Leben wachsen ließ, dort war seine Heimat. Sein Zuhause war im Schoß der Göttin und nicht am Rande irgendeines kleinen Waldes.

Wenn Argalan es auf seiner Reise auch bisher vermieden hatte, die Wege der Händler zu benutzen, so waren nun bald Weg und Fährleute gefunden gewesen, und mit einer Gruppe von Händlern und Bauern hatte er über den Fluss gesetzt. Eigentlich kein großes Unterfangen, denn auch in seinem Land gab es Teiche und Seen und sein Volk war geübt im Umgang mit Booten. Trotzdem hatte ihn ein mulmiges Gefühl nicht verlassen. Hatte es daran gelegen, dass ein reißender Strom etwas anderes war als ein ruhiger

Teich, oder kam es daher, dass nun der zweite Teil seiner Reise begann? Vielleicht, so hatte er damals überlegt, kam dieses Gefühl der Abneigung ja auch daher, dass er nach langer Zeit wieder einmal unter Menschen weilen musste und sich ihren neugierigen Blicken und Fragen ausgesetzt sah.

‚Nun den Großen Fluss entlang abwärts. Bis zur Pforte der Sonne geh, dann wird dir dein Weg gewiesen werden.' So hatte die Stimme des alten Meisters in seinen Ohren geklungen.

Den großen Fluss entlangzuwandern hatte jedenfalls keine Schwierigkeit bereitet. Obwohl er auch hier vermieden hatte, den ausgetretenen Pfaden an dem Ufer zu folgen, so gut es ging. Zu viel Volk war hier unterwegs, zu laut ging es dort zu. Zu laut für einen Mann, der den Weg seines Lebens suchte. Auch hatte er es vorgezogen, sein Nachtlager im Wald aufzuschlagen. Die Unbilden der Nacht und des Waldes stand er mit weniger Unbehagen durch als die rotäugigen, von schwerem Met triefenden Blicke in den Schenken und Handelsstationen, die gierig auf den Habseligkeiten der anderen lagen. Zwar war es auch nicht ganz unbedenklich, ohne den Schutz eines Gastwirtes zu nächtigen, schließlich war er auf fremdem Gebiet und somit rechtlos, doch im Wald würde er kaum

Menschen finden. Denn dies war bereits der nördliche Wald, auch genannt der düstere Wald, der unmerklich immer dichter an das Ufer des großen Stromes herangetreten war. Viele Geschichten rankten sich um diesen Wald und keine davon war angetan, dass man ihn leichtfertig betrat. Mächtig, abweisend, schweigend und düster erstreckte er sich weit entlang des großen Stromes. Von der Pforte der Sonne im Osten viele, viele Tagesmärsche nach Nordwesten, bis er am Beginn der Ebene der Fremden auslief. Seit Argalan den Fluss überschritten hatte, befand er sich im Gebiet der Bojer, einem Volk, das hauptsächlich östlich der Pforte der Sonne und nördlich des Waldes wohnte. Und in den Rändern des Waldes. Manche behaupteten, einige aus diesem Stamm würden auch im tiefen Wald wohnen. Aber viele der Geschichten sprachen dagegen. In seinen düsteren Tiefen sollten ja auch Trolle, Gnome und Elfen hausen. Sogar schuppige Monster und andere erschreckende Wesenheiten. Die alle waren bekanntlich nicht besonders erpicht auf Begegnungen mit Menschen. Ja, die Geschichten wussten selbst von Bäumen und Steinen des Waldes, die feindselig gegenüber den Menschen eingestellt waren. Manche von ihnen sollten sogar fähig sein, sich zu bewegen. Der Grüne Mann sollte der Herrscher des Waldes sein. Und die

Wandelnden Bäume waren seine Diener, Augen und Ohren. Auch hieß es, dass in diesem Wald an manchen Stellen die Tore zur Anderen Welt offen standen. Und das nicht nur zu Samhuin, sondern das ganze Jahr über. Und dass schon mancher, der zu viel an Wagemut besaß, darin für immer verschwunden war. Doch hinter all den Schrecken verbreitenden Geschichten, und deren gab es so viele, wie sie gerne erzählt wurden, da lag noch eine weitere, dunklere. Auch wenn niemand es laut auszusprechen wagte, so munkelte man doch, dass in diesem Düsteren Wald noch andere Wesen aus den Tiefen der Zeit überlebt hätten. Furchtbare Kreaturen aus jener Zeit vor den ersten Menschen, bevor die Völker die Welt besiedelt hatten, beinahe Götter und doch Tiere. Eifersüchtig und neidisch auf die Menschen.

Viele dieser Gesänge kannte Argalan, und so war ihm nicht ganz wohl bei dem Gedanken, in diesen Wald einzudringen, um sein Lager dort aufzuschlagen, und lange hatte er es vermieden. Doch mit jedem Tagesmarsch rückte der Wall der dunklen Bäume näher an den Fluss. Trotz seiner Jugend wusste er aber auch, entgegen all den fremden Schrecken, von denen er gehört und selbst erzählt hatte, dass der größte Feind des Menschen immer noch der Mensch selbst war. Was immer in diesem Wald leben mochte, gefährlich war es nur durch schlechte Erfahrungen mit Menschen geworden.

Mit jedem Tag, den er wanderte, drängte sich der Wald dichter und düsterer an den Strom, immer schmaler war das Tal geworden, bis steile Hänge einen reißenden, gurgelnden Strom bedrängten. Und Argalan hatte erkannt, dass dieses enge Tal der Sonne entgegen genau nach Osten ging.

Er hatte die Pforte der Sonne erreicht.

Genussvoll schloss er die Augen auf dem warmen Stein und rief sich das Bild des heutigen Morgens noch einmal in Erinnerung. Wie immer hatte er die Schenke vermieden und war ein gutes Stück Wegs weiter einem kleinen Bach den Berg hinauf gefolgt, um die Nacht zu verbringen. Am Morgen hatte er sich gewaschen, kniete neben dem Bach, dankte der Göttin der Quelle für ihre Gabe, als gerade vor ihm dieser riesige Ball aus dem Fluss stieg und das wieder weite Tal erfüllte. Zwei Tage war es nun her, dass er die Pforte der Sonne passiert hatte.

Inzwischen stand die Sonne hoch am Himmel und wärmte ganz ordentlich. Der Weg entlang der Hänge war schwierig gewesen, und so gönnte er sich gerne diese kleine Pause mit geschlossenen Augen in der wärmenden Sonne. Eine

Rast für Körper und Geist. Für den Körper, der müde war von dem erhitzenden Anstieg. Für den Geist, der seit dem Morgen unruhiger war als sonst, der sich abmühte und grübelte. Zumal hier die Anweisungen seines alten Meisters endeten.

‚An der Pforte der Sonne wird dir dein Weg gewiesen werden.'

Bis zu diesem Morgen hatte er nicht viel darüber nachgedacht, was der Alte damit gemeint haben konnte, nun tat er es unaufhörlich. Meinte er eine innere Stimme? Oder war da ein Zeichen, das er erkennen musste? Gab es vielleicht so eine Art Wegweiser zum heiligen Hain der Alten? Hätte er an der Pforte ausharren müssen oder lag die Antwort auf seine Fragen hinter der Pforte im Land der Bojer?

Die vielen Tage und Nächte in der Natur hatten seine Sinne geschärft. So fühlte er das leichte Trippeln, das sich ihm näherte, noch bevor er es hören konnte. Zögernd kam etwas von der Seite auf ihn zu. Blieb ängstlich stehen, machte einen Schritt und, behutsam, noch einen. Als Argalan etwas Raues, Warmes über seinen Handrücken gleiten fühlte, öffnete er die Augen und sah eine kleine schwarz und weiß gefleckte Ziege den salzigen Schweiß von seinem Handrücken lecken. Erschrocken durch seine

Aufmerksamkeit stakste sie einen Schritt zurück. Da sich der große, warme, salzige Felsen aber nicht bewegte, kam sie gleich darauf wieder, um weiter zu lecken. Eine Zeit lang ließ er sie gewähren, dann hob er vorsichtig die Hand und kraulte sie an der Stirn zwischen den kleinen Hörnchen. Genüsslich ließ sie es sich gefallen und es war sichtlich nicht das erste Mal, dass sie gekrault wurde. Wahrscheinlich war sie einem Bauern in der Umgebung ausgerissen. Er hatte diese Überlegung noch nicht zu Ende gedacht, als ihre spitzen, scharfen Ohren ein Geräusch vernahmen, das ihr so ganz und gar nicht zu gefallen schien. Aber noch bevor sie einen Satz zur Seite und in den Schutz des Gebüsches machen konnte, hatte Argalan sie an den Hörnern gepackt und hielt sie fest. Auch er hatte einmal Ziegen gehütet, es war noch gar nicht so lange her. Zwei haarige Bündel brachen durch das Dickicht. Der Junge blieb überrascht stehen. Nicht so der große Hund. Der stürmte vor, hatte er doch endlich gefunden, wonach er den ganzen Morgen suchte. Auch wenn der groß gewachsene Mann ihn verwirrte. Aber trotz seines bösen Knurrens und der gefletschten Zähne streckte ihm dieser Mann ruhig die freie Hand entgegen und ließ ihn seine Witterung aufnehmen. Nichts darin sprach von Gefahr. Nichts in der ruhigen Witterung und keine der gemächlichen Bewegungen. Die Witterung sprach von Bäumen und Sträuchern, sie erzählte von einem kleinen Feuer, von einer frischen Quelle und von getrockneten Früchten und Kräutern. Schnell beruhigte sich der große Hund, stellte das Knurren und Zähnefletschen ein und begann stattdessen die Hand des Mannes ausgiebig zu beschnüffeln. Das haarige Knäuel am Rande des Gebüsches, selbst kaum größer als der Hund, starrte noch immer schweigend zu dem groß gewachsenen Mann hin.

„Ist das deine Ziege?", fragte Argalan langsam und betont. Das Fellknäuel blinzelte und legte die Stirn in Falten. Sein Blick hing aber gebannt an dem mit Leder umwickelten Griff des Schwertes, der unter Argalans Reisemantel hervorsah.

„Das – deine Ziege?", wiederholte der junge Mann und bemühte sich, den harten Dialekt zu treffen, den er hörte, seit er über den Fluss gesetzt hatte. Aber noch immer rührte sich der Junge nicht. Langsam und nachdenklich kraulte Argalan den schweren Hundekopf, der sich auf seine Beine gelegt hatte, und überlegte, was er mit dem stummen Jungen anfangen sollte, als eine schnaubende Stimme aus dem Unterholz kam.

„Die Ziege – meine Ziege!"

Ein Mann mit langem Bart und blitzenden Augen bahnte

sich seinen Weg und trat neben den Jungen. Auch seine langen grauen Haare waren wirr und vom Gestrüpp zerzaust. Einen schweren Mantel trug er auf seinen Schultern und einen dicken Stab in seiner Hand. So sah einer aus, der lange Nächte bei seinen Tieren wachte.

„Sagt Ihr dem Jungen, er soll die Ziege anbinden", entgegnete ihm Argalan. „Wenn ich sie loslasse, ist sie im Wald verschwunden."

Der Mann nickte und gab dem Jungen einen derben Stoß in den Rücken. Der taumelte los, brachte einen Strick hervor und legte ihn der kleinen Ziege um den Hals. Wobei er sorgsam vermied, dem Mann auf dem Stein zu nahe zu kommen oder gar den Rücken zuzukehren. Zuerst sträubte sich die Kleine, als er sie wegzog, dann aber trottete sie friedlich zu dem Alten und rieb ihren kleinen Kopf an seinen Beinen. Er nahm sie mit einer oftmals geübten Bewegung auf und sie schmiegte sich sofort in seinen Arm. „Meine Ziege!", wiederholte er noch einmal bestimmt und Argalan musste lachen.

„Ja, es sieht ganz so aus, als würdet ihr euch kennen."

Jetzt flog auch ein erleichtertes Lächeln über das Gesicht des Alten, nur der Junge sah noch immer ängstlich zu dem Mann auf dem Stein, um sich dann flüsternd an den Alten zu wenden. Der runzelte die Stirn und sah nachdenklich zu

Argalan hinüber.

„Er hält Euch für einen Gaseater, junger Freund", erklärte er.

Argalan nickte und verstand den Jungen ein wenig besser. Und er musste lächeln. Das Schwert tat seine Wirkung.

„Und was sagt Euch Euer Hund, Meister der Ziegen?"

Nachdenklich warf der grauhaarige Mann einen Blick auf den struppigen Hund, der es sich neben dem jungen Mann bequem gemacht hatte und sich mit geschlossenen Augen wohlig dem Kraulen hingab. Ein kurzer, kaum hörbarer Pfiff holte ihn aus dem Land der Träume und auf die Beine. Sofort trottete er zu seinem Herrn und legte sich neben ihn.

„Ihr könnt sehr gut mit Tieren umgehen", nickte Argalan anerkennend, aber der Alte ging nicht darauf ein.

„Mein Hund sagt mir, dass Ihr eine gute Witterung habt, junger Herr. Was mir zumindest sagt, dass Ihr nicht aus den Schenken am Weg kommt und dass Ihr in den letzten Tagen niemanden getötet habt. Aber er sagt mir nicht, wer Ihr seid, Herr, oder was Ihr hier sucht."

Für einen kurzen Augenblick sah der junge Mann nachdenklich zu Boden. Dann traf er eine Entscheidung. Er erhob sich und streckte sich durch. Argalan war groß gewachsen und überragte die meisten Menschen, doch er entdeckte, dass er nur wenig größer war als der alte Mann mit der Ziege auf dem Arm.

„Mein Name ist Argalan, Sohn des Argal", begann er langsam und bedächtig. „Ich komme viele Tagesreisen aus dem Westen her, von jenseits des großen Flusses. Das Schwert ist ein Gaseatenschwert, da hat der Junge recht. Ich trage es auf Anraten meines alten Meisters und es leistet mir gute Dienste – wenn ich Holz für ein Feuer brauche oder wenn ich ein Kraut ausgraben will. Und es hält mir Menschen auf Abstand, denen auch die wenige Habe eines armen Wanderers nicht zu minder ist, um ihren Neid zu entfachen. Aber es gehört mir nicht. Es soll ein Geschenk sein dort, wohin ich gehe. Den Weisungen meines Meisters folge ich und hier, hinter der Pforte der Sonne, endet zwar sein Rat, nicht aber meine Reise. Ich bin aufgebrochen, um im heiligen Hain der Alten zu lernen. Und ich suche jemanden, der mir den Weg dorthin weisen kann. Ihr habt recht, wenn Ihr mich Herr nennt, denn ich bin ein Freier von Rang nach Geburt und nach Ausbildung. Auch wenn diese Ausbildung noch lange nicht beendet ist."

Der Junge wandte sich zu dem Mann, öffnete den Mund und bekam einen leichten Klaps von dem Alten darauf, bevor er einen Ton herausbringen konnte.

„Entschuldigt meine mangelnde Freundlichkeit, Herr", antwortete der Grauhaarige, wenngleich ohne auch nur im

Geringsten unterwürfig zu wirken. „Dies ist ein gutes Land, um zu leben, aber nicht alle Leute, die durch die Pforte reisen, tun dies in friedlicher Absicht. Und selbst wenn ihre Absichten friedlich sind, einen Ziegenbraten verschmähen die wenigsten. Aber dass ein so junger und gelehrter Kopf wie Ihr der alten Legende auf den Leim gegangen ist!" Schallendes Gelächter wollte aus ihm herausbrechen, doch fast im gleichen Augenblick besann er sich und schüttelte den Kopf.

„Was bin ich doch für ein alter Narr!", brummte er zu sich selbst. „Viel Volk zieht durch die Pforte, aber nur selten ist ein junger Druide auf mystischer Wanderschaft dabei. Und ich vergesse alle Regeln des Gastrechtes. Folgt mir in unser Dorf, junger Herr. Seid unser Gast."

Schnell war der Junge vorausgeschickt, um die Ankunft des Gastes zu melden, und die beiden Männer folgten ihm gemächlich. Obwohl Argalan nun schon viele Tage in Wäldern verbracht hatte, erstaunte ihn der alte Mann. In der einen Hand trug er den schweren Stab, mit dem anderen Arm die kleine Ziege und auf seinen Schultern lag der weite, schwere Mantel. Trotzdem kam er durch das Unterholz, als würde sich ihm ein Weg öffnen. Argalan hingegen kam sich gegen ihn wahrhaft tollpatschig vor. Als würde er jeden Zweig knicken, der ihm nahe kam, als würde sich seine Kleidung in jedem Dorn verhaken, der sich ihm entgegenstreckte. So war sein Atem etwas kürzer geworden, als sie endlich aus dem Schatten des Waldes hinaustraten, um in das sanft geschwungene Tal einen kleinen Flusses zu sehen. Für einen Augenblick war der junge Mann bezaubert durch die Lieblichkeit des Tales, durch seinen Frieden und die grüne Fruchtbarkeit, die es ausstrahlte. Nur wenig weiter im Süden musste der Fluss in den großen Strom münden, doch das entzog sich seinem Blick. Dafür entdeckte er links von sich einen Hügel, der schroff zum Fluss abfiel, und darauf die Hütten eines Dorfes. Wie eine Wunde lief ein gelblicher Streifen den Abhang hinab, wo der Fluss am Hügel nagte und der helle Sandstein frei lag. Doch magisch angezogen wanderte sein Blick weiter, nach Norden. Dort erhob sich das Land. Wie die dunkle Drohung eines Gewitters stieg es an. Hohe, unfreundliche Bäume, einer abschreckenden Mauer gleich, reckten sich dem Himmel entgegen. Drohend, wie eine düstere Wolke, lag der Schatten am Ende des Tales und erfüllte der Menschen Herz mit finsterer Ahnung und kalter Furcht. Wieder verstand Argalan, weswegen die Menschen den nördlichen auch den düsteren Wald nannten. Auch dem unbedarften Wanderer musste hier klar werden, dass dieses Reich den Menschen gerade mal eben duldete. Er wurde sich bewusst, dass der alte Mann ihn verstohlen beobachtete, war aber nicht in der Lage, dessen Blick zu deuten, denn der Alte gönnte ihm keine Pause.

An der sanft abfallenden Seite des Hügels war das Dorf von einem steilen Erdwall umgeben, an dem meist verfilztes, dorniges Gestrüpp wucherte und ausgezeichneten Schutz bot. Am Eingang des Ringwalles um diese sanfte Seite hatten sich eine Handvoll Menschen eingefunden. Doch sie blieben einige Schritte abseits stehen und besahen sich den Ankömmling genauer und neugierig. An ebendiesem Durchbruch stand ein massiger Wächter mit Schwert, Schild und Lanze und nötigte Argalan ein leises Lächeln ab. Zu offensichtlich hatte der grimmige Krieger sich in aller Eile eingekleidet und seine Waffen angelegt, um dem Ankömmling ein wehrhaftes und wohlhabendes Bild zu bieten. Hinter ihm reihten sich drei junge Mädchen auf und streckten dem jungen Mann ihre Hände entgegen. Salz, Brot und Wasser reichten sie ihm zum Zeichen der Gastfreundschaft. Er nahm ein paar Krümel vom Salz, einen Brocken vom Brot und einen Schluck vom frischen Wasser. Dabei beobachteten ihn nicht nur die Mädchen mit verstohlenen und neugierigen Blicken. Denn es war nicht alltäglich, dass ein Unbekannter das Dorf besuchte. Ein

Mann von Rang aus gutem Hause. Und noch dazu ein junger, groß gewachsener Mann mit schlanken Händen und träumerischen Augen. Doch diese träumerischen Augen kamen eher daher, dass Argalan zu verwirrt war, um die neckischen Blicke der Mädchen zu bemerken. Gastfreundschaft war nicht ungewöhnlich und genau genommen ein Gebot des Rechtes und der guten Sitten. Auch wenn gute Sitten in diesen Zeiten immer seltener anzutreffen waren. Dort, wo er aufgewachsen war, da war Gastrecht aber ein Privileg der Mächtigen und wurde gewährt, wenn der Oberste der Siedlung es aussprach. Auch einem Druiden, einem Wohlhabenden von Rang, einem großen Kämpfer oder einem Handwerker von großem Ansehen war es gestattet, die Gastfreundschaft eines Dorfes zu gewähren. Vielleicht noch einem Barden. Zu viele Verstrickungen konnte es nach sich ziehen, unbedacht einem Unbekannten volles Gastrecht und rechtlichen Schutz zuzuerkennen. Einen Ziegenhirten hätte man in seiner Heimat ausgelacht, wenn er auf die Idee gekommen wäre, Gastrecht zu gewähren. Hier aber lachte niemand.

Die Mädchen geleiteten ihn vorbei an einem kleinen Hain mit Obstbäumen und an offensichtlich liebevoll gepflegten Beeten nahe den kleineren Hütten vor eine der weitläufigen

Hütten in der Mitte des Dorfes, wo der Oberste und die Männer des Dorfes ihn begrüßten, verwundert über seine Jugend. Ein wenig zu freundlich fiel diese Begrüßung aus, wie es dem jungen Mann schien. Die Ältesten des Dorfes und die großen Krieger wurden ihm vorgestellt, Familienverhältnisse und Ahnen beschworen, und wieder erzählte er seine Geschichte von seinem alten Meister und seiner Wanderschaft zum Heiligen Hain der Alten, um die höchste Stufe der Bruderschaft zu erlangen. Dieser Teil seiner Erzählung schien die Menschen ein wenig zu verwirren. Vielleicht lag es auch daran, dass das große Horn mit Met, das zur Begrüßung herumgereicht wurde, wieder neu gefüllt werden musste. Als Argalan schon geradeheraus nach dem Weg fragen wollte, da erhob man sich und der Oberste gab Befehl, ihn zum Alten zu führen. Wieder nahmen sich die drei Mädchen des jungen Mannes an und schoben ihn sanft weiter. All der Trubel, die vielen Menschen, die auf ihn einredeten, und nicht zuletzt der ungewohnte Met verwirrten Argalan, und so ließ er mit sich geschehen, was er doch nicht hätte verhindern können.

Etwas abseits von den anderen, steil an der kleinen Klippe, lag eine geduckte Hütte, zu der man ihn brachte. Die Lage der Hütte und nicht zuletzt die reich geschnitzten Türpfosten und Giebelbalken sagten ihm, dass er seinem

Ziel zumindest einen Schritt näher gekommen war. Und als er eintrat, begann er zu verstehen.

Selbst eine geräumigere Hütte wäre überfüllt gewesen mit all den Dingen, die Argalan in dem Zwielicht kaum erkennen konnte. Jemand hatte die Fensterschlitze mit schweren Decken verhangen und die Zwischendecke war so niedrig, dass Argalan nur gebückt stehen konnte. Etwas, das ihm bei sehr alten Hütten immer wieder geschah. Nahe der Feuerstelle war eine Lagerstatt, an der sich bei seinem Eintreten der Junge des Ziegenhirten eilig erhob. Offensichtlich war es Teil seiner Aufgabe gewesen, auch hier die Nachricht von der Ankunft des jungen Druiden zu vermelden. Aber wie schon im Wald war der Junge sorgsam darauf bedacht, Argalan nicht den Rücken zuzuwenden. Wenngleich seine Angst inzwischen scheuer Neugier gewichen war.

Ein dürrer Arm schälte sich aus den Fellen und winkte den jungen Mann unter der Tür herbei. Gleichzeitig huschte der zottelige Junge wie ein Wiesel nach draußen und Argalan zog die Tür hinter sich zu. Einen Augenblick lang mussten sich seine Augen an das verrauchte Halbdunkel gewöhnen. Dann trat er vollends ein und kam langsam auf die Feuerstelle zu. Einerseits um nicht über irgendetwas zu stolpern. Andererseits wollte er sich genauer umsehen.

Offensichtlich gab es noch abgetrennte Räume, denn die Hütte konnte unmöglich so klein sein. Doch das flackernde Licht der Feuerstelle war gerade mal für ein schemenhaftes Zwielicht gut. All die Gefäße, die herumstanden, und die getrockneten Kräuter, die von den Sparren hingen und schweren Duft verbreiteten. Allerlei Gegenstände entdeckte er, die ihm bekannt waren, und solche, die er noch niemals gesehen hatte. Und die Umrisse einer großen Harfe in einer der Ecken, eingehüllt in eine schwere Decke.

Wieder winkte ihm der nackte Arm. Argalan trat näher an das Lager und kniete sich hin.

„Wie kann ich Euch helfen, Meister?"

Ein krächzendes Lachen wurde hörbar und schüttelte den Körper unter den Decken und Fellen. Dann wurden neben dem Arm eine Schulter und ein Kopf sichtbar. Ebenso mager, bleich und ausgezehrt. Der Tod saß schon in den Wangen und fraß sie auf, doch in seinen Augen flackerte noch das Feuer des Lebens.

„Nur wenn die Große Brigda selbst dich einen Weg gelehrt hat, das Alter zu vertreiben, dann kannst du mir helfen, mein Sohn", keuchte der Alte und grinste vor Vergnügen über seinen dürren Scherz.

„Vor dem Alter sind selbst die Götter machtlos", erwiderte Argalan ernsthaft. „Aber wenn Ihr Schmerzen habt, dann kann ich ..."

Der Alte winkte ab und wies auf einen Krug, der neben ihm stand.

„Wenn ich Schmerzen habe, dann habe ich mein eigenes Gebräu. Jeder Schluck ein süßer Traum. Trotzdem kannst du mir eine schwere Bürde abnehmen, mein Sohn. Setz dich zu mir und lass dich prüfen."

Verwirrt legte der junge Mann seinen Umhang ab und ließ sich neben dem Feuer nieder. Und während die Sonne am Himmel ein gutes Stück weiterwanderte, stellte der alte Mann Frage um Frage. Nicht nur über Argalans Weg und seine Herkunft. Alles von seinem Meister wollte er wissen, nach Rezepturen und Heilweisen fragte er. Nach Gebetsformeln und Ritualen, nach Rechtssprüchen und Etikette. All die Dinge, die eines Druiden Aufgabe waren. Und bereitwillig gab Argalan Auskunft. Denn dieser Mann war Druide wie er selbst, und doch hatte er wahrscheinlich vieles mehr gesehen und getan als sein alter Meister. Und er war sicherlich auch um vieles älter. Eigentlich zu alt für einen Druiden. Aus der Prüfung wurde unweigerlich ein Lehrgespräch, und je mehr sich der Met aus Argalans Kopf verflüchtigte, umso besser verstand er, dass er hier vieles lernen konnte, was sonst vielleicht für immer verloren gehen würde. Und er verstand mit einem Mal, warum ihn die Dorfbewohner so freudig begrüßt hatten. Dieser Mann unter den Fellen war weise und mächtig, aber er lag im Sterben. Seine Pflichten konnte er wohl schon länger nicht mehr erfüllen, und so benötigte die Siedlung einen neuen Druiden. Einen jungen Druiden, einen wie Argalan.

Irgendwann schien der alte Mann erschöpft eingeschlafen zu sein und der junge wachte neben dem Lager, schwer in seine eigenen Gedanken versunken. Und mit einem Mal sah er wieder das Dorf, nur ein wenig kleiner schien es zu sein, und die Befestigungen waren frisch. Er sah einen jungen Mann in dieses Dorf kommen und wie er von einem alten Druid, der sich schwer auf seinen Stab stützte, begrüßt wurde. Der junge Wanderer erklärte, dass er ein Druid in Ausbildung und auf dem Weg zum Heiligen Hain der Alten war, und er trug eine große Harfe auf dem Rücken.

„Ich ging denselben Weg wie du, mein Sohn", ließ sich die leise Stimme des Alten vernehmen. „Aber mein Weg endete hier. Oft war ich versucht, meine Wanderung wieder aufzunehmen, aber immer wieder bin ich hierher zurückgekommen."

„Ihr habt ein schönes Dorf, Ihr habt Euer Dorf – bereut Ihr es?"

„Der Mensch bereut alles, was er nicht getan hat, mein

Sohn. Nicht, weil es vielleicht besser gewesen wäre. Einfach nur aus dem Grund, weil er es nicht getan hat. Wer weiß denn schon, ob es den Heiligen Hain wirklich gibt. Vielleicht ist er nicht mehr als eine der alten Geschichten. Vielleicht wäre ich von wilden Tieren gerissen worden oder in einen der Hügel der Waldgeister gestolpert. Unwesen mit leuchtenden Augen und feurigem Atem soll es noch geben, dort im Wald. Ein riesiger Grüner Mann soll alle erschlagen, die versuchen, ihn zu durchqueren. Ach, viele Geschichten gibt es über den nördlichen Wald. Zu viele, als dass alle davon wahr sein könnten. Vielleicht ist die Geschichte vom Alten, vom Heiligen Hain, der Quelle und Ursprung allen druidischen Wissens sein soll, vielleicht ist diese Geschichte auch nicht mehr als eine Legende. Eine schöne Legende, vielleicht eine Lehrrede, aus der wir lernen sollen, niemals alles wissen zu können. Vielleicht eine Prüfung für hochfahrende Gemüter, um ihnen Demut zu vermitteln. So viele Geschichten gibt es und so viele Gründe, um Geschichten zu erzählen."
Wieder verstummte die brüchige Stimme des alten Mannes, er griff nach dem Krug und nahm einen kleinen Schluck. Das Knacken des Feuers wurde wieder überlaut. Dunkle Schatten meinte der junge Mann zwischen den Dachsparren und den Dingen am Boden zu sehen. Die Schatten hüpften,

weil das Feuer flackerte. Aber Argalan war sich auch sicher, dass da noch etwas anderes zwischen all diesen Dingen lebte. Noch war der Geist des alten Mannes in ihm, doch ein wenig davon lebte auch zwischen all seinen Dingen, schuf Beziehungen, knüpfte Knoten in das Gewebe des Seins. So wie es all die Tage seines langen Lebens gewesen war. Tag für Tag, Atemzug für Atemzug.

Und noch etwas anderes war da.

Argalan hätte nicht seiner durch die Natur geschärften Sinne bedurft, um die stampfenden Schritte vor der Hütte zu vernehmen. Als wolle jemand auf sich aufmerksam machen. Einen Augenblick verharrte die Person vor der Tür, dann wurden Füße auf dem Holzgitter vor der Tür abgestreift. Die schwere Türe öffnete sich und eine schlanke Gestalt, umhüllt von Licht und Feuer, betrat das Dunkel. Erschrocken zuckte Argalan ob der ungewohnten Helligkeit zusammen, doch schnell begriff er, dass der Ausgang nach Westen ging und er nichts als das Licht der hoch stehenden Sonne erblickt hatte.

Die Tür wurde wieder geschlossen und nun schien es ihm erst recht stockdunkel zu sein.

„Man könnte wirklich meinen, Ihr bereitet Euch schon auf Euer Grab vor, wenn man Eure Hütte betritt."

Die Stimme klang jung und weich, wie die Stimme einer

Frau. Auch wenn der Tonfall spöttisch und unwirsch war. Doch Argalan hörte darin auch so etwas wie liebevolle Sorge.

Die Umrisse eines jungen Mannes näherten sich, in seinen Armen trug er offensichtlich Töpfe, die er nun ans Feuer stellte.

„Ich habe Euch Essen gebracht", lächelte der junge Mann und das dürftige Licht des Feuers flackerte auf einem Gesicht, das bei jedem Mädchen für schön gegolten hätte.

„Auch für Euch, junger Druid. Und für dich, alter Mann, habe ich einen neuen Krug von dem Gebräu gegen die Schmerzen gemacht. Aber einen kleinen. Nur weil der Junge jetzt da ist, wirst du mir keine Dummheiten machen!"

Argalan konnte nicht verhindern, dass ihm der Mund aufklappte.

Dieser junge Bursche sprach zu ihnen wie zu seinesgleichen, fürsorglich, aber respektlos. Ein Schüler hätte sich das niemals erlaubt. Und selbst wenn er der Sohn des Obersten des Dorfes war, durfte er sich diese Frechheit nicht gestatten. Offensichtlich war der alte Mann schon zu lange seinen Pflichten nicht mehr nachgekommen. Recht und Ordnung und Sitte lagen hier wirklich im Argen!

Der junge Mann kniete sich neben den alten Druiden, um

ihn aus seinen Fellen zu schälen und zu stützen. Doch im Widerschein des Feuers wurde es offensichtlich. Er war ein Mädchen! Eine junge Frau, so schön wie die alten Geschichten sie kaum besingen konnten. Und doch trug sie die derbe Kleidung der Männer. Trug sie ihr Haar kürzer als die meisten Männer. Trug sie Dolch und Medizinbeutel an ihrem Gürtel. Und trug sie die Schlaufe, an der man ein Schwert befestigen konnte.

Auch wenn Argalan die Sitten in diesem Land noch so fremd waren, auch hier durfte eine Frau sich das nicht erlauben!

Durch seinen wirren Kopf drang die Erinnerung, sie hätte das Gebräu für den alten Druid ‚gemacht'. War sie vielleicht eine Wicca? Nein, zu jung war sie dafür. Und auch eine angesehene Wicca konnte sich so ein Aussehen nicht erlauben. Würde sich auch niemals so zeigen.

Während tausend schrille Gedanken Argalan bestürmten, hatte sich der Alte erfolgreich gegen die Fütterungsversuche der jungen Frau gewehrt und ihr erklärt, dass der Junge das übernehmen würde.

„Der junge Herr Argalan ist sicherlich auch in der Pflege der Kranken geübt", protestierte der Alte nachdrücklich und Argalan hatte nur automatisch genickt. Obwohl in Wahrheit seine Übung darin ziemlich bescheiden war. Die alltäglichen Dinge gehörten nicht gerade zu seinen Lieblingsaufgaben. Und zumeist hatten Kranke auch Frauen, Schwestern oder Mütter, die diese Aufgabe gerne und selbstverständlich übernahmen.

„Argalan", meinte nun der Alte, „das ist Mooh. Sie ist die Nichte von Gord, dem Ziegenhirten. Sie versorgt mich und sie ist mir eine große Hilfe."

„Und er ist tatsächlich ein hübscher junger Mann", lachte sie, musterte dabei Argalan ungeniert und zeigte ihre schönen Zähne. „Vielleicht wäre es doch keine schlechte Idee, wenn er bleiben würde. Zumindest weiß er, wie man sich wäscht."

Argalan war sprachlos und umso verwirrter, als er fühlte, wie ihm das Blut in den Kopf stieg. Er galt tatsächlich als ein hübscher Bursche und die Mädchen in seiner Heimat waren ihm niemals abgeneigt gewesen. Aber noch niemals hatte er sich so offensichtlich gemustert und geprüft gefühlt.

„Gefällt Euch nicht, wie ein prächtiges Stück Wild abgeschätzt zu werden, irgendwie fühlt man sich schmutzig, nicht wahr, junger Herr Argalan", lachte sie und aus ihren Augen blitzte Bosheit. „Obwohl Ihr es sicherlich oft genug selbst getan habt."

Breitbeinig und aufrecht stand sie vor ihm. Sah spöttisch

auf ihn hinunter, die Fäuste auf die Hüften gestemmt. Wie ein Kerl, der Streit suchte. Doch ihre Stimme klang versöhnlich, als sie dann meinte: „Man sagt, ihr wollt in den Coil. Wäre schade, wenn Euch der Grüne Mann erschlagen würde. Aber wahrscheinlich werdet Ihr eher in einem der Hügel der Anderwelt verschwinden. Die schätzen dort junge, hübsche Männer."

Der alte Mann macht ein Geräusch, als wolle er ausspucken. Sofort war die junge Frau bei ihm und setzte ihn zurecht. Schneller, als Argalan auch nur denken konnte zu reagieren. Aber der Alte schüttelte ihre Hände nur unwirsch ab.

„Lass mich", brummte er, „allmählich komme ich doch dahinter, warum ihr hier seid."

Sie lachte nur hell, stand auf und sah wieder Argalan an.

„Ich lasse Euch wieder allein, aber vergesst nicht, dass das Dorf auf Euch wartet, alter Mann. Und auch auf Euch, Herr Argalan. Sie bereiten ein Festmahl Euch zu Ehren. Und, junger Druid, seht zu, dass er zumindest ein paar Bissen isst. Aber er darf nicht zu viel von dem Gebräu auf einmal trinken. Ein wenig vertreibt die Schmerzen, doch zu viel davon vertreibt das Leben. Das Dorf braucht ihn aber noch – mehr, als er wahrhaben will!"

Während sie die Hütte verließ, brummelte der alte Druide

missmutig vor sich hin. Kaum hatte sie die Tür hinter sich geschlossen, da schob er seinen Topf von sich weg, und als Argalan etwas sagen wollte, hob er drohend die dürren Finger. Stattdessen trank er gierig einen tiefen Schluck aus dem Krug.

„Wie viele Monde wünscht sich mein Geist schon Ruhe! Aber sie gönnt mir den Tod nicht. Ihre Nahrung ist – gefährlich."

Der junge Mann zog die Hand wieder zurück, die er nach dem Brei in seiner Schüssel ausgestreckt hatte. Aber der Alte lachte sein hohes, schepperndes Lachen.

„Gefährlich für mich, nicht für Euch", grinste er. „Ihr Essen gibt neue Kraft, neues Leben. Als wäre es Nahrung der Waldleute. Ach was, es ist Nahrung der Waldleute. Denn – hütet Euch vor ihr. Sie ist – gefährlich. Sie ist …", sein Blick hastete herum, als befürchtete er, plötzlich belauscht zu werden, „sie ist – eine Coilan!"

Argalan verstand nicht. Da war es wieder, dieses Wort. Auch die junge Frau hatte es benutzt.

„Was bedeutet das", fragte er, „dieses ‚Coil'? Meinte sie damit den Wald? Was ist das für eine Sprache?"

„Eine von den Göttern verfluchte Sprache!", drohte der Alte. Und wieder hasteten seine Augen herum, als könnte er so lauschende Schatten fangen. Wieder nahm er einen langen Schluck.

„So wie ihr ganzes Volk von den Göttern verflucht ist. Sie stolzieren zwischen uns Menschen herum, als wären sie selbst Götter. Eitel und aufgeblasen. Als wären sie nicht gebunden an die Gesetze der Götter oder an die Sitten der Menschen. Der Coil, das ist ihr Name für den Düsteren Wald, wie er sich hier vor Euren Augen erstreckt, er ist ihre Heimat. Die Quelle ihrer Kraft und ihrer Überheblichkeit."

„Aber sie pflegt Euch", warf Argalan verwirrt ein, „und sie pflegt Euch gut, wie mir scheint."

Verächtlich spuckte der alte Mann ins Feuer.

„Ja", gestand er missmutig ein, „ich könnte niemanden finden, der mich besser pflegen würde. Oder mich gnadenloser an dieses Leben fesseln. Aber nicht nur das. Vor gar nicht mal so langer Zeit konnte ich mit ihrer Hilfe noch aufstehen und zu den Versammlungen gehen. Ich kann mich nicht einmal mehr erinnern, worum es ging, aber jedenfalls stellten sich einige der jungen Krieger in der Beratung gegen mich. Was macht dieses Coilanweib? Setzt mich einfach auf den Boden wie ein kleines Kind, nimmt sich meinen Stab und verprügelt zwei der jungen Burschen, dass die ihr bis heute ausweichen. Und glaubt mir", diesmal grinste er breit über sein ganzes faltiges Gesicht, „es gibt nur wenige Männer, die nicht ihre Nähe suchen! Stellt Euch vor, sie würde herumlaufen wie eine richtige Frau, die Männer würden sich ihretwegen die Schädel einschlagen. So war es auch, als sie aus dem Wald kam, um ihren Onkel zu besuchen, ein gerade erblühtes junges Ding – und der Verstand der Männer löste sich auf wie leichter Morgennebel unter der Sommersonne. Ich selbst hielt sie zuerst für eine von den Waldfrauen aus den Hügeln der Anderwelt. – Vielleicht habe ich mich ja nicht einmal geirrt."

Argalan hatte während dieser Rede den alten Mann angestarrt und in Gedanken versunken begonnen, aus der Schüssel zu essen. Satt und zufrieden wollte er die Beine von sich strecken, doch dazu musste er die Schüssel zu Seite schieben. Zu seiner Überraschung bemerkte er dabei, dass es aussah, als könne die kleine Schüssel kaum Nahrung enthalten haben. Vielleicht war dieses Mädchen ja doch eine Wicca, eine der kräuterkundigen Frauen. Wie sonst konnte sie Essen zubereiten, das schon nach wenigen Bissen satt machte?

Der alte Mann verlor sich immer mehr in weitschweifigen, abgebrochenen Reden über das Dorf und seine Aufgaben, sein Wissen und seine Heldentaten. Unverkennbar tat der Trank seine Wirkung. Er linderte die Schmerzen, aber er verwirrte offensichtlich auch den Geist. Auch darum hörte

Argalan nicht mehr so aufmerksam zu. Ihm war nun klar, was das ganze Dorf erwartete. Wenn der alte Mann starb, dann musste er seine Nachfolge antreten. Dann war seine Reise zu den Quellen des Wissens beendet. Denn die ihm anvertraute Gemeinschaft verlässt ein Druide vielleicht ab und zu für ein paar Tage, aber er gibt sie nicht einmal nach dem Tode auf. Sein Geist, seine Macht verbindet sich mit den Dingen und verbleibt im Dorf zu dessen Schutz. Wenn er jedoch stirbt und ein anderer Druide ist im Dorf, einer, dem noch keine Gemeinschaft anvertraut ist, so gilt das als Zeichen der Götter. Aber auch das Bild der jungen Frau drängte sich ihm immer wieder in den Kopf. Viele Tage war er nun schon allein unterwegs, und diese junge Frau war alles, was sich ein Mann nur erträumen konnte. Doch jeder Gedanke an sie war zugleich auch überschattet von den düsteren Geschichten des alten Mannes. Natürlich waren es nur Geschichten und nur zu offensichtlich verwirrten sich die Gedanken des alten Mannes allmählich nicht nur durch den Trank. Andererseits lebte er schon viele Jahre hier am Rande des Düsteren Waldes, und wer hätte die Wahrheit wohl besser erforschen können als er. So erklärte das Misstrauen, das er den Bewohnern des Waldes entgegenbrachte, zumindest den Einfluss des Ziegenhirten, zumindest das Verhalten der jungen Frau.

Es erklärte nichts und es half ihm auch nicht!

„Dem Fluss ist es egal, ob Ihr bleibt oder ob Ihr geht." Argalan fuhr herum und sah erschrocken zu dem Berg aus Schatten hinter sich auf. Nachdem der alte Druide, müde von seinen Geschichten und dem frischen Gebräu gegen die Schmerzen, eingeschlafen war, hatte Argalan lange vor sich hin geträumt. Irgendwann war er geholt worden. In das lange Haus, in dem der Oberste mit seiner Sippe wohnte, war er eingeladen worden. Wo ihn bereits fast das ganze Dorf und eine wohl gefüllte Tafel erwarteten. Gegessen wurde und mehr getrunken. Geschichten wurden erzählt und geprahlt und gestritten. Auch wenn selbst offensichtlich lieb gewonnene Streitigkeiten nur halbherzig geführt wurden. Immer mit einem Seitenblick auf ihn. Argalan hatte gegessen und Argalan hatte getrunken. Viel getrunken, zu viel, so schien es. In Wahrheit hatte er eine Lehre seines alten Meisters angewandt und nur so getan, als würde er trinken. Um sich bald entschuldigen zu können und nach draußen zu kommen. In Gedanken versunken war er zu der Hütte des Druiden zurückgegangen und hatte sich an den Abbruch gesetzt, von wo aus man auf den kleinen Fluss hinuntersehen konnte. Dort hoffte er mit sich, mit seinen

Gedanken und seinen Wünschen ins Reine zu kommen. Er hatte wohl sehr angestrengt nachgedacht, wenn er den massigen Mann nicht hatte kommen hören. Gleichzeitig wusste er aber auch, dass seine Sinne so geschärft waren, dass er jeden Menschen hätte hören müssen.

„Auch der Hecke, die das Dorf schützt, ist es egal", brummte der Mann in dem weiten, verfilzten Umhang jetzt und lehnte sich auf seinen Stab. „So wie den Bäumen, den Sternen und dem Gras. Sogar meinen Ziegen. Das Leben geht, wie das Leben eben geht. Ob die Menschen sich so oder anders entscheiden. Es sind die Menschen, die glauben, sich entscheiden zu müssen."

Argalan wandte sich ab und schloss die Augen.

„Wenn ich mich nicht entscheide, dann stirbt der alte Mann und ich habe die Verantwortung für das Dorf. Dann ist auch alles gestorben, wovon ich mein Leben lang geträumt habe."

„Ihr habt von etwas geträumt, ohne zu wissen, was Euch erwartet. Ist es wirklich der Wunsch, dorthin zu kommen, oder ist es vielleicht vielmehr der Wunsch von dort wegzukommen, wo Ihr wart? Weil es zu gewöhnlich war, zu alltäglich, nicht aufregend genug?"

Argalan konnte nicht verhindern, dass er aufsprang und den Graubart anstarrte. Woher kannte dieser verwilderte Hirte seine verborgensten Gedanken und Ängste? Doch noch einmal verblüffte ihn Gord, der Hirte. Er lachte leise und gab die Antwort, noch bevor der junge Druide die Frage stellen konnte.

„Der Weg zum Heiligen Hain ist nicht schwer zu finden. Geht über die Schwelle des Dorfes und setzt einen Fuß vor den anderen. Aber achtet darauf, wohin Eure Füße Euch tragen. Den Weg zu finden ist nicht schwer, den Weg zu gehen unmöglich, wenn Ihr nicht im Herzen fest dazu entschlossen seid. Weil es den Ort, den Ihr in Wahrheit sucht, nur in Eurem Herzen gibt. Viele Dinge habt Ihr gehört über die Wesen, die im Düsteren Wald wohnen. Doch da ist noch mehr. Ihr tragt ein prächtiges Schwert, das Euch gute Dienste geleistet haben mag, unter den Menschen. Doch dort, wohin zu gehen Ihr überlegt, da wird dieses Schwert niemanden beeindrucken. Selbst dann nicht, wenn es von der Hand eines erfahrenen Kriegers geführt würde. Und der seid Ihr bei Weitem nicht."

Der junge Mann stand wie erstarrt und sah gebannt auf den unförmigen Schatten vor sich. Unmöglich schien ihm mit einem Mal, in dem spärlichen Licht zu erkennen, ob da ein Mann vor ihm stand oder vielleicht ein Felsblock, oder ein knorriger Baum. Doch jedes der Worte traf ihn. Die letzten am tiefsten.

„Das Schwert wurde Euch von Eurem Meister gegeben, um es als Gastgeschenk dort zu lassen, wohin Ihr gehen werdet. Es ist ein schönes Schwert. Wie nennt Ihr das Symbol, dort, wo Griff und Klinge sich kreuzen?"

„Woher wisst Ihr?", entfuhr es Argalan. Da er aber keine Antwort erhielt, fasste er nach dem Schwert an seiner Seite und hob es etwas aus dem Schatten. Wo Klinge und Griff sich kreuzten, waren drei ineinander verschlungene offene Kreise eingraviert.

„Wir nennen es die Dreiheit", antwortete Argalan endlich und kramte in seinen Erinnerungen. „Es trägt auch den Namen ..." Er stockte und überlegte. „Es war irgendetwas mit Feuer. Das ‚Beginnende Feuer'? Nein, es war ..."

„Tar-ma-Round", half der Schatten.

„Das ‚Aufstrebende Feuer', auch die ‚Kommende Sonne', ja, richtig, das Symbol des Kriegers."

Eine Pause entstand, nachdem Argalan den Namen des Symbols erkannt hatte. Als würde der Hirte noch auf etwas warten. Aber da kam nichts und der Alte schien leicht den Kopf zu schütteln. Er machte einen Schritt nach vorne und wies gegen den Horizont.

„Wenn die Sonne hinter den Hügeln erscheint, sieht sie zunächst aus wie eine faule, platte Frucht. Erst mit der Zeit und mit Anstrengung vollendet sie ihre Kreisform und ihre

Kraft. Drei Dinge beherrschen den Menschen vom Augenblick seiner Geburt an. Der Hass, die Gier und die Unkenntnis vom Sein des Lebens. Der Mensch, der mit der Zeit seine Kreise vollendet, der vermeidet den Hass, er entsagt der Gier und er erlangt Kenntnis. Wer es schafft, die drei Kreise seines Herzens zu schließen, der wird zum vollkommenen Menschen, zum vollkommenen Krieger. Das ist die Geschichte des Tar-ma-Round."

„Ihr seid ein Meister!"

„Und doch bin ich Hirte. Nicht mehr. Nicht weniger."

Argalan setzte sich wieder hin, auch wenn es viel mehr ein kraftloses Zusammensinken war, und starrte auf das helle Band des Flusses hinunter. Er war kein Krieger und erfahren in der Kunst des Kampfes schon gar nicht. Weit davon entfernt, vollkommen zu sein. Der Wunsch, den Heiligen Hain zu sehen, war noch immer da, aber die Geschichten des alten Druiden und die Warnung des Hirten erfüllten ihn mit namenlosem Schrecken, lähmten ihn. Vielleicht war es wirklich besser zu warten, wie die Bäume es tun, und das Schicksal auf sich zu nehmen, das die Götter für ihn bestimmt hatten. Schwer musste er schlucken, als ihm klar wurde, dass ein einziger Tag vollkommen ausgereicht hatte, um ihn von seinem Weg abzubringen.

Das Schwert an seiner Seite drückte und er rückte es zurecht, um bequemer zu sitzen.

Wohin war es gekommen mit ihrer Welt, wenn selbst Hirten mehr über die heiligen Symbole wussten als Druiden? Für ihn waren die verschlungenen Kreise niemals mehr gewesen als ein Symbol für die Dreiheit der Elemente, also für die Gesamtheit der Welt. Oder für die Dreiheit der Götter, also für die Gesamtheit des Lebens. Natürlich hatte sein alter Meister Garlond auch einmal von den drei Ringen gesprochen, mit deren Hilfe die Götter die Menschen banden und beherrschten. Hass, Gier und Unwissenheit. Angst, Neid und Dummheit. Abscheu, Verlangen und Verblendung. Wie immer man es auch nennen wollte, es beherrschte den Menschen und zwang ihn in die Knie wie einen Unfreien. Unterdrückt von sich selbst. Gebunden von seiner eigenen Angst vor dem Unbekannten, beherrscht von seinem eigenen Verlangen nach Bequemlichkeit und Sicherheit, begrenzt von seinem eigenen Mangel an Wissen.

Argalan streckte sich und umschloss unbewusst das Schwert mit hartem Griff.

War es wirklich so einfach?

Es sprang auf, aber der Schatten war verschwunden. Wie vom spärlichen Licht des schmalen, höher gerückten

Mondes ausgelöscht. Als hätte ihr ganzes Gespräch niemals stattgefunden. Für einen Atemzug lang war er verblüfft, dann grinste er. Wie hatte der Alte gesagt: Es war nicht schwer, den Weg zu finden, aber es war unmöglich, den Weg zu gehen, wenn man die Gefahren des Waldes nicht kannte. Aber wer kannte den Wald wohl besser als sein Bewohner! Mit schnellen Schritten war Argalan bei der Hütte des Druiden und nahm sein Bündel auf. Dann machte er sich auf den Weg durch das Dorf, dorthin, wo er die Gatter der Ziegen gesehen hatte.

Das ganze Dorf lag inzwischen still und schlief in Frieden. Nicht einmal das Greinen eines Kindes störte die Stille. Vielleicht das Rascheln von kleinen Tieren und der lautlos huschende Schatten eines bepelzten Jägers, doch der Frieden über dem Dorf war so stark, dass er sich beruhigend auch auf Argalans Geist legte und irgendwo leise den Wunsch keimen ließ, in diesen Frieden einzutauchen und dort zu verweilen. Die Ziegen lagen ebenso still in einer der Ecken zusammengedrängt. Wie starre Wogen um einen Fels, der mitten in ihnen aufragte. Es war unmöglich zu erkennen, ob der alte Mann inmitten seiner Ziegen wachte oder schlief. Ebenso unmöglich schien es, dass er eben noch oben auf dem Hügel gestanden haben konnte. Die Tiere schienen ihm bedingungslos zu vertrauen, trotzdem konnten sie nicht so ruhig sein, wenn nicht schon mehr Zeit vergangen wäre. Ein Geschiebe und Gedränge müsste es geben, da jede von ihnen ihm nahe sein wollte.

Wieder wankte Argalan und wurde unschlüssig. Sein Plan würde sich doch nicht so einfach umsetzen lassen, wie er es sich vorgestellt hatte.

Ein zottiger Schatten neben dem Gatter öffnete ein Auge, nahm die Witterung und entschied sich dafür, dass er diesen Mann kannte und dass er keine Gefahr für seinen Herrn und die Herde darstellte.

Während Argalan noch überlegte, wie er zu dem Mann inmitten seiner Herde kommen konnte, ohne mit den Ziegen auch gleich das ganze Dorf zu wecken, fiel sein Blick auf die kleine Hütte daneben. Fast schien ihm, als würde das Licht eines Feuers durch die Ritzen des rohen Gebäudes schimmern. Schützend wie ein Heer lagerte die Ziegenherde um ihren Herrn. Unmöglich schien es Argalan, diesen Wall zu durchdringen. So ließ er seinen ursprünglichen Plan fallen und entsann sich der anderen Möglichkeit.

Mit leisen Schritten war er bei der kleinen Hütte und

ertastete eine dicke Decke über dem Eingang anstatt einer Tür. Dann war da plötzlich keine Decke mehr, sondern gleißendes Licht. Es war nur ein kleines Feuer, aber die ungewohnte Helligkeit blendete ihn für einen Augenblick. Lange genug, damit die junge Frau Zeit hatte zu erkennen, wer da um ihre Hütte schlich. Argalan konnte das Lächeln nicht deuten, das ihr Gesicht streifte, aber sie nahm die Hand von ihrem Dolch, machte einen Schritt zurück und gab den Weg frei in die enge Behausung. Automatisch trat er ein und sah sich um. Eine winzige Hütte war das, ohne Decke, offen bis ins Dach. Nur eine Abtrennung mit einer Decke im Hintergrund, das Feuer ohne Abzug in der Mitte. Keine Fensterschlitze, kaum Annehmlichkeit. So ganz anders als die vornehme Behausung des Obersten. Da bemerkte er sie im flackernden Licht des Feuers abwartend stehen und erinnerte sich an sein Vorhaben.

„Ihr werdet mich führen", befahl er. Sie aber sah ihn an, machte dann einen Schritt zum Feuer und legte ein Scheit nach. Erst jetzt erkannte Argalan, dass die Nächte doch noch sehr kalt waren. Hier am Feuer war es warm, wohlig geborgen und geschützt in der kargen Enge der Hütte. Müdigkeit überkam ihn. Sein Kopf schmerzte von dem langen Tag und den unzähligen Dingen. Trotzdem sagte er noch einmal: „Ihr müsst mich führen. Jetzt!" Und weil er nicht wusste, ob es klar war, fügte er hinzu: „Zum Heiligen Hain müsst Ihr mich führen, durch den Düsteren Wald."

Sie ging in die Hocke, um das Feuer zu schüren, und sah ihn dabei nachdenklich an. Endlich meinte sie: „Ich bin frei geboren, ohne Vertrag und Schuld, und nur von geringem Wert. Doch Ihr seid ein freier Mann von Rang, mit gewichtiger Stimme, und wenn Ihr es wünscht, so werde ich Euren Wunsch erfüllen. Aber meint Ihr nicht, die Menschen in diesem Dorf, die so viel Hoffnung in Euch setzen, die hätten es nicht verdient, dass Ihr Euch wenigstens von ihnen verabschiedet? Ihr seid ein Druid, gelehrt im geheimen, wertvollen Wissen. Die Menschen würden es nicht verstehen, aber sie würden Eure Entscheidung akzeptieren."

Argalan rang mit sich. Natürlich hatte sie recht, er wusste es nur zu gut. Aber wenn er den Menschen begegnen würde, ihre Augen voller Hoffnung sehen, dann würde es ihm unmöglich sein zu gehen. Nein, es musste jetzt sein.

„Andererseits", meinte sie und ihre Stimme bekam dabei einen eigenartig singenden Klang, „könnte es sein, dass Ihr nur die Kraft des Mondes fühlt. Dass Ihr nur mit mir ins Dunkel des Waldes wollt. Dann bleibt in der Wärme des Feuers. Bleibt bei mir und setzt Euch. Bleibt bei uns."

Etwas war da in ihrer Stimme, das seinen Körper in

Aufruhr versetzte. In ihren Augen tanzte das Feuer, sie hielten die seinen fest und ließen das Blut in seinen Ohren dröhnen. Das Atmen schien ihm mit einem Mal schwerzufallen, als drücke etwas gegen seine Brust. Antworten konnte er nicht, denn sein Mund war zu trocken. Er konnte sie nur anstarren, dieses lockende Mädchen mit den vielfarbigen, strubbeligen Haaren, auf denen die Schatten Fangen spielten. Er war sich sicher zu fühlen, wie ihre Brüste gegen den rauen Stoff rieben, wie ihre Schenkel weich und fest gegeneinanderdrückten. Alles was war und ist, alles außerhalb der kleinen Hütte, ja die Hütte selbst verschwand aus seinen Gedanken. Sie war da, sie allein beherrschte seine Gedanken, die er nicht fassen konnte, beherrschte seinen Körper, der auflehnend nach seiner Befriedigung verlangte. Alles um ihn wurde dunkel und nur ihr Gesicht, dieses zarte, feine, spöttische Gesicht, brannte vor seinen Augen. Nur die Hand musste er noch ausstrecken und nach ihr fassen. Sie wartete auf ihn. Das Dorf war gut, sein Ansehen gesichert. Und sie war hier in diesem Dorf, hatte hier auf ihn gewartet.

Doch noch etwas anderes war da, in ihm, und das zwang ihn, die Augen vor ihr zu verschließen. Ließ ihn tief durchatmen.

„Ihr müsst mich führen! Jetzt!", krächzte er, schwankend

zwischen seinen Wünschen und seiner Überzeugung. Noch niemals zuvor hatte er sein eigenes Verlangen so unmittelbar und mächtig gefühlt. Wie ein unbezwingbar wütendes Tier tobte es in ihm, entfesselt und doch gefangen. Hart pressten sich seine Kiefer aufeinander, verkrampften sich die Hände. Er musste dieses Ansturms Herr werden.

Es musste sein!

„Ja, ich glaube, Ihr habt recht."

Wie durch einen roten Schleier drang ihre Stimme und gleichzeitig beruhigte sich das Tier in ihm. Kam die Wirklichkeit zurück und verschwand allmählich das drängende Verlangen. Wieder lächelte sie, aber jeder Spott schien aus ihrem Gesicht verschwunden. Während er verwirrt nach Luft schnappte, warf sie sich einen Umhang über die Schultern und griff nach einem Beutel, der mit ihrem Schwert offenbar zufällig an der Mauer lehnte.

„Ich kann Euch führen bis zur Biegung des Flusses. Dann wird der Grüne Mann entscheiden, ob Ihr findet, was Ihr sucht – oder ob er Euch tötet."

Als sie an ihm vorüber wollte, hielt sie einen Augenblick inne und berührte seine Wange.

„Mein Onkel meinte schon, dass Ihr so weit seid", sagte sie leise und strich über sein Gesicht. „Ich hoffe es. Für Euch."

Ganz nahe stand sie bei ihm, die harte, zierliche Hand an seiner Wange. Doch nun war alles ganz anders. Wer da über sein Gesicht strich, war eine Mutter, eine große Schwester, jemand, der sich um ihn sorgte und ihn behütete. Wie einen kleinen, dummen Jungen. Ihm fielen die Worte des sterbenden Druiden ein, aber er hatte keine Zeit zu überlegen, er hatte Mühe, ihr zu folgen.

Sie waren hinunter zum Fluss gegangen und diesem stromaufwärts Richtung Norden gefolgt. Die Nacht war nicht besonders hell, aber es reichte aus, dass sie gut vorankamen. Auch weil der Weg entlang des Flusses gut zu finden war. Immer ging sie zwei Schritte vor ihm, schien gemächlich zu schlendern, und trotzdem schaffte er es nicht, auf gleiche Höhe mit ihr zu kommen. Bald stellte er seine Versuche ein und stoppte schließlich kurz, um seine Hände in das kühle Wasser zu tauchen und sich das heiße Gesicht zu waschen. Sofort blieb auch sie stehen und wartete auf ihn.

„Es wäre nicht gut, jetzt schon zu rasten", meinte sie dabei. „Es ist besser, wir würden einige Entfernung zwischen uns und das Dorf bringen. Ich möchte nicht unbedingt jemandem begegnen, der dumme Fragen stellt."

„Was werden sie mit Euch tun, wenn sie erfahren, dass Ihr mich geführt habt?"

Erst jetzt dachte Argalan daran, dass er sie in Gefahr gebracht hatte, sie aber lachte nur auf, machte eine wegwerfende Handbewegung und fand ihre spöttische Art wieder.

„Die großen Krieger werden mich ausschelten und beschimpfen. Der alte Druide wird laut fluchen und mich leise segnen. Ihr vergesst immer eines, Herr Druid: Ich bin frei geboren und doch nur die Nichte eines Ziegenhirten. Nichts und niemand, unwürdig, bemerkt zu werden, mich kommandiert man herum, wenn man mir schon die Ehre antut, mich zu bemerken. Ganz sicher bin ich niemand von Rang, den man mit ‚Ihr' oder ‚Euer' anredet, so wie Ihr es noch immer tut."

Sie sprach über ihre eigene Unwürdigkeit, über die Nichtigkeit ihres Daseins und stand dabei stolz aufgerichtet wie eine Fürstin, umglitzert von den kleinen Wellen des Flusses im ersten fahlen Licht des Morgens. Sie sagte die Wahrheit in ihren unzählige Male geflickten Kleidern, und doch verstand Argalan, dass nichts so war, wie es schien. Der Umhang war im Licht des keimenden Tages nur ein Lumpen, aber das Schwert darunter schien bemüht unauffällig und doch gefährlich. Wiederum fielen ihm die Geschichten des alten Druiden ein.

„Ihr seid eine Coilan", brach es aus ihm hervor, und wieder

lachte sie.

„Ihr sprecht das Wort falsch aus, Herr Druid. Wenn Menschen es benutzen, dann muss all ihr Hass, all ihr Abscheu daraus klingen."

„Mein Name ist Argalan!", fauchte er wütend über ihre Zurechtweisungen. „Und welchen Grund sollte ich haben, um den Coilan mit Hass zu begegnen?"

Sie hatte sich schon wieder zum Gehen gewandt, doch sie stockte und wandte sich noch einmal um. Nagelte ihn mit einem Blick bewegungslos in den Boden, der seinen aufkeimenden Zorn schlagartig verschwinden ließ. Er war sich wirklich nicht sicher, ob sie ihn jetzt küssen würde. Oder töten.

Endlich wandte sie sich wieder ihrem Weg zu und meinte leise: „Ihr stellt die richtigen Fragen, Herr Druid. Aber zu früh."

Schnell wurde aus dem fahlen Morgenlicht strahlender Sonnenschein, sie aber machte keine Pause. Auch als Argalan darauf drang, da es darum ging, die heiligen Formeln zu sprechen, und weil seine Beine sich wie Felsstücke anfühlten, lehnte sie nur kurz angebunden ab. So wie sich auch kein Gespräch zwischen ihnen entwickeln wollte. Viel zu sehr schien sie in ihre eigenen Gedanken versunken. Der Fluss rauschte und plätscherte noch immer neben ihnen, aber eine düstere Kälte drang aus dem Wald auf sie ein. Eine Kälte, die nicht nur nach den Gliedern, sondern auch und gerade nach dem Herzen griff. Immer öfter verlangsamte die junge Frau nun ihre Schritte und sah sich um. Der Weg war nicht zu verlieren, es schien eher, als würde sie auf etwas warten. Also zügelte auch Argalan seine frei schwirrenden Gedanken und richtete sein Empfinden in den Wald.

Als sie bei einer kleinen Landzunge in den Fluss endlich einmal anhielt, setzte sich Argalan auf einen Stein in der Sonne und streckte die schweren Beine von sich.

„Zumindest mit seinem ersten Wort hatte Gord jedenfalls recht", sagte er laut und vernehmlich. Worauf sie ihn überrascht ansah.

„Nun", lachte er, „Gord meinte, dass es keine Schwierigkeiten macht, den Weg zu finden. Er sagte dann aber auch, dass es unmöglich wäre, ihn zu gehen. – Wir werden beobachtet!", fügte er leise für sie hinzu, obwohl er sich klar war, dass sie es längst bemerkt haben musste.

„Natürlich, auch Ihr habt die Geschichten von den Wesen im Düsteren Wald gehört", entgegnete sie ihm kühl. Er hörte die Missachtung in ihren Worten, aber er lächelte.

„Ich kenne die Geschichten", gestand er ein, „ich weiß aber

auch, dass zumindest drei dieser Waldbewohner hier bei uns sind. Einer auf der anderen Seite des Flusses, zwei auf dieser. Einer dürfte vor uns, einer hinter uns sein. Im Augenblick stehen sie still, aber sie begleiten uns seit geraumer Weile."

Sie wandte sich ihm voll zu und er meinte Verwunderung in ihren Augen zu lesen. Vielleicht sogar so etwas wie Hochachtung.

„Ihr könnt sie sehen?", fragte sie und setzte sich ebenfalls.

„Nein", gestand er, „ich sehe nichts als Bäume und Sträucher. Aber mein Geist ahnt, dass sie da sind. Wenn man lange genug draußen ist, dann fühlt man die Bewegungen eher, als dass man sie sieht. Auch wenn es bei diesen hier anders ist. Als wären sie selbst Bäume und Sträucher."

„Nichts anderes sind sie", entgegnete sie, mit ihren Gedanken bereits wieder in der Düsternis des Waldes. „Es sind Wandelnde Bäume, die Wächter des Waldes. Eine ganze Weile begleiten und beobachten sie uns. Dann werden sie dem Grünen Mann berichten."

„Dem Grünen Mann?"

Sie nickte und spielte mit den Blättern eines unscheinbaren Gewächses am Ufersaum.

„Je nachdem, wohin wir uns wenden oder was wir tun, wird

der Grüne Mann entscheiden, ob wir leben oder sterben werden."

Argalan fühlte, wie trotz der Sonnenstrahlen eisige Kälte seinen Rücken hochkroch. Doch es war weniger die Angst vor seiner eigenen Zukunft als die Erkenntnis seiner Gedankenlosigkeit, die ihn erschaudern ließ.

„Wenn er beschließt, dass ich nicht würdig bin, und er entscheidet, mich zu töten, was – was wird dann mit dir?"

Überrascht sah sie von den Blättern auf. Für einen langen Augenblick saß sie still und betrachtete ihn. Nicht so, wie sie ihn schon einmal gemustert hatte. Eher so, als wäre sie ihm eben erst begegnet.

„Wenn der Grüne Mann entscheidet, dass ich zu sterben habe, dann wird niemand, gleich ob Mensch oder Gott, in der Lage sein, es zu verhindern. Aber keine Angst, er wird mich nicht töten. Lebend bin ich für ihn – brauchbarer."

Er hätte nicht sagen können, woher der Gedanke hätte kommen sollen. Die Erkenntnis war einfach da. Die Erkenntnis, dass der Grüne Mann, auch und in erster Linie, ein Mann war. Und wozu er diese junge Frau gebrauchen konnte, schien Argalan nur zu klar. Auch wenn diese Empfindung blanker Unsinn war, er schwor sich, alles zu tun, was in seiner Macht stand, um sie zu beschützen. Wenig genug mochte es sein, aber wenn er schon sterben

sollte, er durfte nicht zulassen, dass ihr etwas geschah.
Mit abgewandtem Gesicht hatte sie ihn aus den Winkeln ihrer Augen aufmerksam beobachtet. Sie erhob sich, riss ein paar der Blätter mit, zögerte einen Gedanken lang und schob sie dann doch in den Mund.
„Gehen wir", befahl sie kauend. „Wir haben noch einiges vor uns."

Sehr viel unterhaltsamer wurden auch die nächsten Stunden nicht. Aber zumindest hatte sie nichts mehr dagegen, wenn er neben ihr ging. Wo der Weg es erlaubte. Denn was zuerst ein breiter, oft benutzter Weg zu sein schien, wurde nun zum schmalen, meist kaum sichtbaren Pfad. Noch immer folgten sie dem Fluss. Manchmal rückten steile Wände ganz nahe heran und sie waren mehrmals gezwungen, den Fluss an einer seichteren Stelle zu queren, um den Pfad auf der anderen Seite wiederzufinden. Erst als die Sonne sich schon wieder zu neigen anfing, gestattete sie eine kurze Rast. Erschöpft sank Argalan zu Boden und lehnte sich gegen die warme Rinde eines Baumes. Es wäre an der Zeit gewesen, etwas zu essen, meinte sein Magen, aber er schlief auf der Stelle ein.
Fast im gleichen Augenblick wurde er an der Schulter gerüttelt, schlug die tonnenschweren Lider auf und sah in

ein grinsendes Gesicht. Die junge Frau hockte neben ihm und strich ihm die verworrenen Haare aus dem Gesicht. Es musste doch länger gewesen sein, dass er geschlafen hatte, denn die Sonne stand schon nahe dem Horizont. Überrascht richtete er sich auf.

„Kommt, mein junger Herr", flötete sie spöttisch, aber ohne Schärfe, „es ist nicht mehr weit bis zu unserem Lagerplatz. Und es ist nicht gut, im Dunkeln durch diesen Teil des Waldes zu stolpern", fügte sie noch ernsthaft hinzu.

Schwerfällig rappelte sich Argalan auf, nahm sein Bündel und tapste schlaftrunken hinter ihr her. Der wenige Schlaf hatte ihn nicht wirklich erfrischt, aber er hatte ausgereicht, um seinen Beinen neue Kraft zu geben. Ein paar Stücke Birkenpech drückte sie ihm in die Hand und er begann, daran herumzukauen. Die bitteren Säfte waren zwar nicht nahrhaft, aber sie dämpften den grummelnden Hunger in seinem Bauch. Einmal noch hatten sie den Fluss zu überqueren. Diesmal reichte ihnen das Wasser bis unter die Achseln und die Strömung war stark. Argalan musste sich eingestehen, dass er diese Querung ohne die kurze Erholungspause nicht geschafft hätte. Am anderen Ufer ließ er sich einfach zu Boden sinken. Der lange Weg und die schlaflose Nacht forderten ihren Tribut. Sie wirkte nicht weniger müde, aber sie blieb unerbittlich, obwohl ihre

Stimme freundlich klang, als sie meinte: „Komm, es ist nicht mehr weit. Da hinauf müssen wir noch, dann haben wir es geschafft." Dieses ‚da hinauf' war ein spärlich bewachsener Hang, erschien aber Argalan im ersten Augenblick wie die unüberwindliche Wand einer Festung. Trotzdem setzte er sich gehorsam in Bewegung. Zumeist auf allen vieren krochen sie durch den lichten Wald nach oben. Sein Ziel hatte er aus den Augen verloren. Der nächste Schritt war wichtig. Das nächste Mooskissen, auf dem man ausgleiten konnte. Auf einem versteckten Stück Holz rutschte ihr Fuß ab und Argalan packte automatisch zu. Um die Hüfte hatte er sie gepackt, es war eine ganz unüberlegte Reaktion gewesen. Trotz all der Müdigkeit, die seinen Kopf umwölkte, fühlte er die angenehme Wärme, die weiche Stärke ihres Körpers an den seinen gepresst. Sie wehrte sich nicht, machte keine Anstalten, sich aus seinem Griff zu winden, sah ihn nur an.

„Danke", meinte sie endlich. Und dann: „Wir müssen weiter, es ist schon spät."

Der junge Mann ließ sie ohne viel zu überlegen wieder los und sie krabbelten schweigend weiter. Er bemerkte, dass sie die trockenen Stücke Holz auf ihrem Weg mitnahm, und tat es ihr gleich. Wenig später standen sie auf einer kleinen, mit Moos bewachsenen Lichtung und entzündeten ein spärliches Feuer. Trotz seiner Müdigkeit hätte Argalan alle Eide geschworen, dass es nicht das erste Feuer an diesem Platz war. An den Flammen trockneten ihre nassen Sachen und die junge Frau holte aus ihrer Tasche Brotstücke, die sie mit saftigen Blättern umwickelt hatte. Obwohl es alt war, schmeckte es Argalan wie ein Geschenk der Götter. Er hatte nicht daran gedacht, etwas zu essen mitzunehmen. Hatte er sich doch auf seiner Reise bisher zumeist auch von dem ernährt, was er am Wege fand. Er hatte aber selbst am ungestümen Beginn seiner Wanderschaft niemals solche Eile an den Tag gelegt.

Dunkelheit rückte schnell näher, das Feuer war warm und wohlig. So wohlig wie sein gefüllter Magen, und es tat so gut, sich einmal kurz auszustrecken.

Im selben Augenblick schlief Argalan ein.

Zerstampfte Gräsersamen, mit etwas Wasser oder Milch vermengt. Ein paar Kräuter darunter, kleine Fladen daraus machen, nicht zu dünn, und dann auf einem heißen Stein schön goldfarben werden lassen.

Argalan schluckte im Halbschlaf und grinste schief vor sich hin. Weit war er wirklich gekommen, wenn sich seine schönsten Träume um so einfache Dinge drehten. Der nächste Atemzug belehrte ihn eines Besseren. Überrascht schlug er die Augen auf und blinzelte in dem hellen Licht. Hoch stand die Sonne über den Wipfeln der Bäume. Es musste bereits Mittag sein, wenn nicht sogar darüber. Ausgeruht fühlte er sich, frisch – und hungrig. Kein Wunder, durchzog doch der Duft von frischen Fladenbroten die kleine Lichtung. Mooh, die Prinzessin des Waldes, hockte neben der Glut und sorgte mit einem kleinen Stäbchen dafür, dass die Fladen nicht an dem flachen Stein in der Mitte der Glut anbrannten.

„Dachte ich mir doch, dass Ihr aufwacht, wenn es etwas zu essen gibt", neckte sie ihn und er grinste zurück. Das Grummeln seines Magens musste man bis zum Fluss hinunter hören. Sie hatte auch große Blätter von Wasserpflanzen besorgt, mit denen man die noch heißen Fladen anfassen konnte, und frisches Wasser in die Trinkbeutel gefüllt.

Er rappelte sich auf, klopfte halbherzig seine Sachen ab und griff hastig nach dem ersten Blatt, das sie ihm entgegenhielt. Gierig hinunterschlingen konnte er jedoch nicht, auch wenn ihm sehr danach war. Dazu waren die Fladen einfach viel zu heiß. Obwohl er versuchte, sich nicht den Mund zu verbrennen und trotzdem schnell zu essen, bemerkte er, dass sie aufstand, etwas entfernter einen grünen, zerkauten Brei ausspuckte und sich den Mund mit einem Schluck Wasser ausspülte, bevor auch sie nach einem Fladen griff.

„Welches Kraut kaust du da eigentlich?", wollte er zwischen zwei Bissen wissen. Über Kräuter konnte man nie genug wissen und sie kannte sich offensichtlich damit aus. Wieder sah sie ihn an, als müsste sie erst überlegen, wie viel sie ihm denn wohl verraten dürfte.

„Es schmeckt scheußlich", wich sie dann aus, „aber es erfüllt seinen Zweck."

„Und welchen Zweck hat es?", beharrte Argalan, als sie keine Anstalten machte weiterzusprechen.

„Es gibt Frauendinge, die wollt ihr Männer gar nicht wissen", hielt sie dagegen und grinste. Das Grinsen kam schnell, es war gewöhnlich, hart und es war falsch. Zumindest verstand er, dass sie nicht gewillt war, ihm eine Antwort zu geben. Wieder kam der alte Druide in seine Gedanken und die Geschichten, die sich um die alten Bewohner des Waldlandes rankten. Jedenfalls versuchte sich Argalan das Kraut aus seiner Erinnerung gut einzuprägen, während er schweigend weitermampfte.

Eine Weile saßen sie da und kauten mit vollen Backen. Als nach dem zweiten Fladen sein Bauch halbwegs beruhigt war, warf er einen Blick nach der Sonne. Und es verwunderte ihn nicht, dass sie es bemerkte.

„Wir haben lange geschlafen", räumte sie ein, „aber es war wichtig hierherzukommen. Heute können wir Rast machen. Müssen wir sogar."

„Jedenfalls bin ich froh, dass ich nicht Gord gefragt habe, ob er mich führt", scherzte er, „da hätte ich sicherlich nicht so gute Dinge zu essen bekommen."

Er lachte, weil es sich mit vollem Bauch schon um vieles leichter leben lässt, sie aber schien mit ihren Gedanken weit entfernt zu sein. Darum antwortete sie auch nur: „Gord hätte dich auch nicht geführt, er kann die Herde nicht allein lassen. Ohne ihn sind sie ziemlich hilflos in dieser Zeit."

Argalan war verblüfft, auch, weil er sich ziemlich sicher war, dass sie eben nicht von den Ziegen gesprochen hatte. Sie schien seine Verwunderung zu bemerken, kehrte mit ihren Gedanken zurück und schenkte ihm ein strahlendes und herausforderndes Lächeln.

„Unten im Fluss gibt es viele Fische. Besonders unter den Steinen, in den Vertiefungen stehen sie gerne. Wie wäre es, wenn du versuchst, uns ein paar davon zu fangen? Meinen Proviant haben wir nämlich aufgebraucht."

Das ließ sich der junge Mann nicht zweimal sagen. Sofort stand er auf, legte den Umhang zu seinen Sachen und wollte sich auf den Weg machen. Sie aber stand ebenfalls auf und winkte ihm, ihr zu folgen. Argalan ging hinter ihr ein paar Schritte von der Lichtung weg und stand plötzlich an der Spitze eines steilen Abbruches. Unter ihnen lag in einem Knie der Fluss. Er kam aus dem Westen, knickte unter ihnen geradezu ab und wandte sich nach Süden, wo sie herkamen.

„Bleib auf dem Weg, den wir gekommen sind, wenn du zum Fluss zurückgehst", wies sie ihn an. „Du kannst leicht hier herüberkommen, und hier wird der Weg sehr gefährlich. Darum mussten wir es gestern noch bei Licht schaffen."

Aber Argalan sah nicht hinunter. Wie magisch angezogen starrte er nach Westen. Dorthin, wo der Fluss unter einem wogenden Meer aus dunklen Bäumen hervortrat. Hügel um Hügel reihte sich hintereinander. Ohne dass eine Lücke darin zu erkennen gewesen wäre. Wogendes, grünes, endloses Waldland bis zum Horizont. Darüber wölbte sich ein lichter, blauer Himmel, in dem bauschige, weiße Gebilde geradezu zu schweben schienen. Obwohl er keinen Umhang trug, war es in der Sonne angenehm warm. Auch wenn das dunkle Grün des Waldes sich kühl in seine Augen legte. Argalan atmete tief ein und ganz allmählich veränderte sich das Bild. Die einzelnen Bäume verschwanden und er sah nur mehr die glänzende, bewegte

Oberfläche, aus der er ein kleines Stückchen den Kopf herausstreckte. Als würde er im Fell eines riesigen Tieres sitzen, ganz oben an einem Haar, und ein Stückchen von dem großen, atmenden Geheimnis erkennen, das sie alle am Leben hielt. Nun verstand er wieder ein klein wenig besser. Auch in seiner Heimat gab es große Wälder, aber dieser hier war auf unerklärliche Weise anders. Dichter, dunkler, ja, begriff Argalan, älter war er.

Mit einem tiefen Atemzug holte er seine Gedanken zurück auf die Kante, nickte der jungen Frau neben sich zu und machte sich auf den Weg zum Fluss. Natürlich dachte sie, dass er sich tollpatschig anstellen würde, wie man es von einem Sohn aus gutem Hause erwartete, aber er würde ihr schon zeigen, dass er es in seiner Jugend mit all den anderen Kindern spielend aufgenommen hatte. Diese Herausforderung und die Möglichkeit, vor ihr zu glänzen, konnte er sich nicht entgehen lassen.

Tatsächlich sollte es nicht lange dauern und fünf Fische hingen schön der Reihe nach an einem Zweig, den Argalan durch Kiemen und Maul getrieben hatte. Zwei davon waren rechte Prachtburschen, mit denen er seine Mühe gehabt hatte. Die anderen drei waren zwar auch groß genug, um einen Mann satt zu machen, aber nicht ganz so prächtig. Argalan war jedenfalls mit seiner Arbeit zufrieden. Seine

Kleider hatte er am Ufer abgelegt, damit sie nicht nass wurden, aber der Fluss war kalt und seine Zähne klapperten. Also suchte er sich einen Stein in der Sonne und streckte sich so wie er war darauf aus, um sich zu trocknen und zu wärmen. Und freundlich tat die Sonne ihren Teil. Allmählich wurde ihm angenehm auf dem flachen Stein und er drehte sich ein wenig, um den Fluss entlang zu sehen. Wo neben den grauen, mit grünem Moos bewachsenen Steinen der Fluss allmählich Sand abgelagert hatte, dort glitzerten die Wellen wie pures Gold. Hinter den Steinen, dort wo es tief war, stand das Wasser in der Schwärze einer mondlosen Nacht. Dazwischen wirbelten Wellen und Strudel wie braune Rinde zwischen den Steinen hindurch und schliff sie blank. Leicht und fröhlich rauschte der glitzernde Fluss durch die großen, abgerundeten Steine vor dem friedlichen Hintergrund des dunklen Waldes. Das warme Licht der Sonne und das Plätschern des Flusses machten Argalan wieder träge und schläfrig. So begannen seine Gedanken zu wandern. Zu den dunklen Teichen seiner Heimat, zur Garlond, seinem alten Meister, und zu den Geschichten über die Wasserwesen. Jenen jungen Frauen, die auf den Wellen spielten und zwischen den Ufern lustig tanzten. Wenn man genau hinsah, dann schien es wirklich so, als führe jede dieser kleinen Wellen ein eigenes Leben. Wenn man aber die Augen schloss und mit dem Herzen sah, dann war da niemand. Nun, der Fluss war da, eine mächtige Wesenheit für sich, und die Tiere, die darin lebten. Aber sonst war da nichts. Auch die Wandelnden Bäume schienen sie verlassen zu haben.

Das Plätschern klang mit einem Mal anders und Argalan öffnete die Augen ein wenig. An einer tiefen Stelle tauchte ein Kopf aus dem Wasser und schüttelte sich. Die kurzen Haare wurden zurückgestrichen und Argalan hielt den Atem an. Durch das immer seichter werdende Wasser kam sie auf ihn zu und war ebenso nackt wie er. Das war nicht die erste Frau, die Argalan nackt sah, doch das dort war nicht einfach eine Frau. Dies war das Bild, das man sich in den Geschichten ausmalte, wenn man von Danub sprach, der Herrin des großen Stromes, von Morrigan, der Ehrfurcht gebietenden Fürstin, oder von Brigda selbst. Was da aus dem Fluss zu ihm kam, hatte zwar das Gesicht von Mooh und war doch die Göttin selbst, perfekt bis zur letzten Locke ihres Haares.

Sie stieg zu ihm auf den flachen Stein, kniete sich neben ihn und sah ihn wieder an mit ihrem Blick, als wüsste sie noch immer nicht so recht, was sie mit ihm anfangen sollte. Er wollte etwas sagen, aber ihr Finger legte sich auf seine Lippen und lähmte sie. Wieder strich sie ihm die wirren

Haare aus der Stirn wie einem kleinen Jungen und lächelte dabei so vorsichtig, als wüsste sie um all den Kummer und das Leid des Lebens. Ihre Hand glitt leicht unterhalb seines Nabels auf seinen Bauch und schlagartig sprang sein Penis zu einer großen Erektion auf. Schon wollte er nach ihr fassen, aber er konnte sich nicht bewegen, konnte sie nur anstarren, gebannt von den kreisenden Fingern auf seinem Bauch. Und davon, dass seine Erektion härter und größer wurde, als er es jemals erlebt hatte. In seinem Kopf drehte sich alles, ihr Gesicht begann vor seinen Augen zu tanzen und er war plötzlich überzeugt, sein Glied müsse in diesem Augenblick zerplatzen wie eine Blase auf dem Wasser.

Sie erhob sich, ohne die Hand von seinem Bauch zu nehmen, kniete sich über ihn und nahm sein großes Glied langsam und bedächtig in sich auf. Je tiefer das Glied eindrang, umso mehr öffnete sich ihr Mund und legte sich der Kopf mit den geschlossenen Augen und den eng anliegenden nassen Haaren in den Nacken zurück. Argalan bemerkte davon nichts. Er war nur mehr ganz pulsierender Pfahl, umschlossen von warmer, feuchter Finsternis. Als die Backen ihres Hinterteiles gegen seine Schenkel drückten, verharrte sie bewegungslos. Stunden in Dunkelheit verstrichen ihm, Tage und Jahreszeiten. Menschengeschlechter stiegen aus der Dunkelheit und verschwanden wieder darin, Zeitalter kamen und vergingen.

Etwas drückte gegen seinen Stab, hielt ihn fest und gab dann wieder nach. Er meinte den Verstand zu verlieren. Wieder. Und noch einmal. Etwas in ihrem bewegungslosen Körper massierte das geschwollene Stück Fleisch, das sie pfählte. Argalans Atem kam schneller, immer schneller. Stoßweise, hektisch, krampfartig, panisch – bis eine gleißende Sonne vor seinen Augen explodierte. Und in ihrem Schoß.

Zwischen ihnen knackte das Feuer und verströmte seine Hitze. Ringsumher hatten sie die drei kleineren Fische auf Stäben aufgestellt, damit die Hitze sie haltbar machte, nachdem sie nur ausgenommen worden waren. Über dem Feuer prasselte einer der beiden großen Burschen. Dem zweiten, ganz großen hatte sie Kopf und Schwanz abgetrennt, die Innereien, das Rückgrat und die großen Gräten entnommen und die beiden Seitenteile auf flachen Rindenstücken befestigt, die nun ebenfalls etwas entfernt von dem Feuer lehnten, um den Fisch zu trocknen und so haltbar zu machen. Doch obwohl sein Magen bereits wieder knurrte und obwohl die Fische verlockend dufteten und brutzelten, schweiften seine Gedanken und seine

Augen immer wieder ab. Immer wieder hin zu ihr, die ihm gegenübersaß und so gar keine Anstalten machte, anders zu sein als am Beginn ihrer Reise.

Nachdem seine Sinne wieder ihren Dienst angetreten hatten, fand er sich matt und allein auf dem Stein in der Sonne. Keine Spur war von ihr geblieben, obwohl sich jede Faser seines Körpers an sie erinnerte. Hastig hatte er sich angezogen, die Fische gepackt und war den Hügel hinaufgestürmt. Jetzt, ausgeruht und auf der Suche nach ihr, war es nur mehr eine unbedeutende Steigung wie viele andere. Oben angekommen, hatte er sie dabei gefunden, das Feuer in Gang zu halten. Er war vor sie hin getreten, hatte tief Atem geschöpft – und war unter ihrem fragenden Blick verstummt. Zumindest hatte sie ihm freudig und anerkennend die Fische abgenommen und gemeinsam hatten sie sich darangemacht, sie herzurichten, wozu sie aus den Tiefen ihres Beutels kleine Säckchen mit Kräutern holte. Großmütig trat ihr Argalan seinen letzten Rest an Salz ab, den sie gerne nahm. Aber mit keinem Wink, mit keinem Blick gab sie ihm zu verstehen, dass das auch wirklich vorgefallen war, woran er sich zu erinnern meinte. Jetzt saß er ihr gegenüber, starrte sie immer wieder über das Feuer hinweg an und wurde immer unsicherer. Er war ein hübscher Jüngling, er war aus gutem Hause, und so hatte er niemals Schwierigkeiten gehabt, Mädchen zu finden, die ihm zu Willen waren. Ganz im Gegenteil, die Mädchen in seiner Heimat waren da durchaus nicht zimperlich, wenn ihnen einer gefiel und außerdem noch eine gute Partie zu sein versprach. So konnte Argalan immerhin auf eine ganze Anzahl von Erfahrungen verweisen. Aber etwas wie heute, das war ihm weder jemals widerfahren noch hatte er je davon gehört. Andererseits, die Geschichten von den Wasserfrauen waren ja auch alles andere als prüde. Vielleicht hatte er auch einfach nur geträumt. Geträumt von dem, was er sich wünschte. Aber man durfte auch nicht vergessen, sie war ja eine ...

Argalan schüttelte sich, um diesen Widerhaken in seinen Gedanken loszuwerden. Nichts anderes war sie als ein Mensch, wie er selbst! Ein Mensch aus Fleisch und Blut. Geboren von Menschen, auf dem Weg zu den Göttern. Dieses Geschwätz von den Waldlandbewohnern, den Coilan, war nichts anderes als die Dummheit, Unwissenheit und Engstirnigkeit der Bauern und Hirten, die alles mit Argwohn bedachten, was sie nicht schon mit der Muttermilch aufgenommen hatten. Gut, sie mochten schon da gewesen sein, hatten in den Wäldern gelebt, als die ersten Völker der Rechtmäßigen, die Celtoi, in dieses Land gekommen und sesshaft geworden waren. Sie waren die anderen, und allein damit waren sie schon verdächtig. Verdächtig und fremd. Aber trotzdem nichts mehr und nichts weniger als kleine Menschenwesen.

Argalan beobachtete sie, wie sie mit schnellen, geschickten Bewegungen ein Stück vom Fisch aus dem Feuer nahm und es in handliche Brocken zerteilte. Er sah die kleinen, flinken Hände, die Bissen herausbrachen. Sah die weichen Lippen sich bewegen. Sah den Glanz des Feuers auf ihrem Haar, das ihm nun gar nicht mehr so kurz und unpassend vorkam. Er sah die huschenden Schatten unter ihren hohen Backenknochen. Und er wusste, dass er diese Frau begehrte. Jede Faser seines Körpers sehnte sich danach, sie zu berühren. Er wusste, dass er sie beschützen würde, mochte die Gefahr auch noch so unvorstellbar sein, die sich ihnen in den Weg stellen würde. Selbst der Grüne Mann, der Herr über den Wald, sollte keine Gewalt über sie haben. Niemals würde er sich mehr von ihr trennen.

Versunken in seine Gedanken hatte er den Fisch in seinen Mund geschoben. Ohne auf die Hitze zu achten oder auf den Geschmack. So in seine Gefühle verstrickt war er, dass er einige Momente benötigte, um zu bemerken, dass sie aufgehört hatte zu essen, regungslos saß und schräg hinter ihm zum Waldrand sah. Vorsichtig drehte er den Kopf mit einer langsamen Bewegung herum.

Die Sonne war schon verschwunden und der Wald stand wie eine schwarze Mauer rund um ihr Lager. Einen Schritt aus diesem Schwarz in das Licht des Feuers war eine Gestalt getreten, wie Argalan sie noch nie gesehen hatte. Ähnliches ja, aber noch niemals in dieser Größe.

„Das ist kein Luchs", murmelte er nach einem kurzen Studium der Ohren und des Felles. Sie antwortete nicht sofort. Erst langsam formte ein Lächeln ihre Züge.

„Einer vom Volk der Waldkatzen", erklärte sie mit leiser Stimme. „Nicht der König der Katzen des Waldes selbst, aber zumindest einer der Prinzen beehrt uns."

Aufmerksam besah sich Argalan das Tier, das nur wenig kleiner war als ein ausgewachsener Luchs und ebenfalls neugierig und keineswegs ängstlich zu den beiden Menschen am Feuer sah.

„Die Nacht ist noch jung", lachte sie, „und das Jagdglück möge dir hold sein, Prinz der Katzen. Aber ein Stückchen Fisch ist auch nicht zu verachten."

Argalan verstand, brach ein Stück vom Fisch, wo er schon kühler war, und hielt es dem großen Tier hin. Vorsichtig schob sich der Kater näher ans Feuer und fasziniert beobachtete Argalan, wie er bedächtig Tatze vor Tatze setzte, die Ohren dabei ständig spielen ließ, um auch jedes

Geräusch zu hören, die Augen ständig wandern ließ, um auch jede Bewegung zu bemerken. Sein glänzendes Fell schimmerte im flackernden Licht der Flammen in so vielen Schattierungen und erinnerte ihn mit einem Mal an die Haare der jungen Frau. Weil es wirklich die gleiche Farbe hatte oder weil er immer an sie denken musste, Argalan konnte es nicht entscheiden. Vor dem jungen Mann blieb das große Tier stehen und beschnüffelte ausgiebig das angebotene Stück Fisch. Vorsichtig, doch ohne Furcht vor den Menschen. Aber es setzte sich nur auf die Hinterpfoten, schlang den buschigen Schwanz elegant um seine Läufe und sah von einem Menschen zum anderen.

„Leg das Stück vor ihn hin", sagte sie und er tat, wie sie ihn anwies, aber der Kater schnüffelte wieder nur und sah hochnäsig zu den Menschen. Mooh beobachtete es, nahm es zur Kenntnis und fuhr ruhig fort zu essen.

„Das Glück der Jagd schenken die Götter", meinte sie zwischen zwei Bissen beiläufig, und doch hatte ihre Stimme plötzlich einen so eigenen, harten Klang, eine tiefe Vibration, dass Mann und Kater sich duckten und sie verwundert ansahen. Weil in dieser Stimme etwas war, das beiden Geschöpfen wie ein eisiger Schauer entgegenschlug.

„Die Zuneigung der Weibchen ist auch ein Geschenk der Geburt. Anstand und gutes Verhalten allerdings ist ein

Geschenk der Jahre. Die lehren uns unter anderem, als Gast nichts zu erwarten, was der Herr des Lagers nicht geben kann. Wir danken Euch für Eure Botschaft, Prinz der Katzen, und wir wollen Euch nicht abhalten von Euren Wegen."

Der riesige Kater hatte die Ohren eng an den Kopf gepresst und starrte die Frau aus großen, runden Augen an. Wie ein kleines Kätzchen saß er da, schüttelte den Kopf, als wäre er begossen geworden und stellte sich langsam auf steife Beine. Sie beachtete ihn nicht, aber Argalan sah fasziniert, wie der Kater ohne einen weiteren Blick davonschritt und im wogenden Schwarz des Unterholzes verschwand. Nicht ohne sich vorher mit einer raschen Wendung des Kopfes den Brocken Fisch doch noch zu sichern.

Argalan schüttelte verwundert den Kopf und machte sich dann mit Genuss und in Gedanken über sein Stück Fisch her. Als sie das nächste Stück vom Feuer holte und sich daranmachte, es zu zerteilen, fiel es ihm wieder ein und er fragte nun doch: „Welche Botschaft hat er uns eigentlich gebracht?"

Wieder bekam sie ihren nachdenklichen Blick und saugte an den Fingern voller Fisch, die sie nacheinander einzeln in den Mund steckte, als wäre der Fisch die Quelle aller Weisheit, als bekäme sie daraus eine Antwort, was man mit so viel Unwissenheit nur anfangen sollte.

„Er teilte uns mit, dass wir allein sind", meinte sie endlich bedächtig. „Die Wandelnden Bäume haben uns verlassen. Man findet sie niemals zusammen. Wo Waldkatzen sich aufhalten, sind keine Wandelnden Bäume."

Argalan nickte und schwieg. Wie sehr hätte es ihn gereizt zu fragen, warum dem so war. Sie schien es zu wissen, so wie sie alles zu wissen schien, was den Wald betraf. Aber er wagte nicht mehr zu fragen. Er wollte nicht in ihren Augen so unwissend erscheinen, wie er tatsächlich war.

Die junge Frau beobachtete ihn eine Weile, während sie schweigend zu Ende aßen, und lachte dann endlich auf.

„Ich weiß auch nicht, warum sich Waldkatzen und Wandelnde Bäume aus dem Weg gehen", meinte sie aufgeräumt. „Ich habe schon oft darüber nachgedacht. Vor allem, als ich noch ein kleines Mädchen war und bei meinem Vater im Wald lebte. Damals, als ich allmählich begann zu verstehen. Von ihm habe ich vieles gelernt, was ich weiß, aber auch er wusste es nicht so genau. Ich glaube heute, dass die Waldkatzen sie einfach nicht mögen, weil die Wandelnden Bäume nicht wirklich Teil des Waldes sind. Schließlich kommen sie und gehen wieder. Die Bäume wiederum fürchten die Katzen, weil sie um deren Abneigung wissen und Angst haben, dass diese sie verraten. So denke ich es mir zumindest."

Argalan wusste nun mehr und verstand doch genauso wenig wie zuvor. Wieder etwas, dem er auf den Grund zu gehen sich vornahm. Für die junge Frau schien das Thema damit jedenfalls beendet. Doch da täuschte sich Argalan. Als sie die Reste einpackten und die getrockneten Fische für den Proviant sicherten, wurde sie wieder nachdenklich und schien mit ihren Gedanken weit entfernt. Er bereitete schon sein Lager neben dem Feuer, als sie noch unschlüssig herumstand und in die Flammen starrte.

„Für dich beginnt morgen ein neues Leben", meinte sie unvermittelt, ohne ihren Blick von den Flammen zu wenden. „Wenn die Wandelnden Bäume uns verlassen haben, dann sind sie zum Grünen Mann gegangen, um ihm zu berichten. Heute Nacht wird er über deine Zukunft entscheiden, wird er entscheiden, ob du dein Ziel erreichst oder ob du stirbst."

Unwillkürlich zog Argalan den Umhang höher und drückte sich in das weiche Lager aus Reisig, Moos und seiner Decke.

„Das bedeutet, keine Möglichkeit, mit ihm zu reden, zu verhandeln. Also wache ich morgen früh auf und bin tot", meinte er bitter. „Kommt er wenigstens höchstpersönlich, um mich zu erschlagen, oder wie läuft das?"

Er wollte es gar nicht wissen, aber die Worte rutschten ihm einfach so aus dem Mund. Sie schien über seine Frage aber gar nicht erstaunt.

„Vielleicht kommt er tatsächlich selbst", überlegte sie mehr für sich als für ihn, „ja, bei dir würde er es sicherlich selbst tun, nach all dem, was geschehen ist. Vielleicht führt er dich auch in die Irre und lässt dich irgendwo verhungern oder er schickt seine wilden Tiere. Der Herr der Wälder hat alle Möglichkeiten, die es gibt. Aber auch er muss sich an die Gesetze halten, auch er hat die Regeln zu achten."

Sie kratzte sich am Hals, ließ die Hand dort liegen und sah ihn an. Sah ihn lange an und begann dann ganz allmählich zu lächeln. Mit einer energischen Bewegung warf sie noch ein paar Holzstücke in das Feuer und kam dann herum.

„Morgen beginnt für dich ein neues Leben, mein junger Herr Druid", scherzte sie noch einmal, „aber wer weiß denn schon, ob es überhaupt ein Morgen gibt."

Argalan war viel zu überrascht, um die schnelle Bewegung wirklich zu begreifen, mit der sie sich aus ihrer Kleidung schälte und zu ihm unter die Decke kam. Ihr Körper war warm, eng an ihn gepresst und brachte seine Lebensgeister zurück. So nahm er sie fest in seine Arme.

Nichts von dem, was folgte, war etwas Besonderes. Nichts, das sich mit dem Erlebnis am Fluss vergleichen ließ. Die

Nacht am Feuer war die Nacht zweier junger Menschen, die Nacht ihres Übermutes und ihrer jugendlichen Kraftproben. Sie neckten sich, erforschten neugierig ihre Körper und lachten laut. Er erzählte ihr davon, dass er sie niemals mehr verlassen würde und sie vor allen Gefahren zu beschützen dachte. Sie bewunderte seine kräftigen Muskeln und seine Gewandtheit. Argalan vergaß den Wald und den Grünen Mann. Er vergaß die Kälte der Nacht und sogar den Tag am Fluss. Sie verschmolz mit ihm, ließ sich tragen von seiner jungen Kraft und spornte ihn an. Zwei junge Menschen allein am Feuer, allein in der Welt, einander und dem Spiel der Triebe vollkommen hingegeben.

Als Argalan erwachte, schien sein Arm zu Eis gefroren. Er zog ihn unter die Decke, erschauderte vor der Kälte, weil er nackt war, und er erschauderte, weil er allein war. Ruckartig setzte er sich auf, blinzelte und fasste mit der Hand in das vom Tau nasse Gras. Schnell erkannte er, dass sie verschwunden war. Aber auch, dass das Feuer angenehm hoch brannte, um die feuchte Kälte des Morgens zu vertreiben. Das Unterholz raschelte und Argalan sprang auf.

„Mooh!", rief er, aber das Unterholz blieb still. Unschlüssig scharrte er mit dem Fuß.

„Auch wenn du ziemlich ausgeruht scheinst, so hitzig bist du nicht. Du solltest dir etwas anziehen."

Sie war seitlich hinter ihm aus dem Wald getreten, trug trockenes Holz auf dem Arm und betrachtete sichtlich amüsiert sein morgendlich aufgerichtetes Glied. Schnell griff er nach seinen Beinkleidern, doch die Erinnerung an die vergangene Nacht drosselte sein Tempo. Er wollte schon eine scherzhafte Bemerkung fallen lassen, als ihm auffiel, dass sie ihn gar nicht mehr ansah. Obwohl sich sein Glied, in Anbetracht der Situation, sogar noch ein wenig stolzer erhoben hatte, sah sie an ihm vorbei zum Waldrand. Automatisch folgte er ihrem Blick.

Zwei starre Augen, schwarz umrandet, schienen inmitten der Blätter zu schweben. So sehr er sich auch anstrengte, er konnte keinen Menschen zu diesen Augen entdecken, nur Äste, Blätter und Rankwerk. Aber die Augen waren da. Unbestreitbar. Und sie starrten ihn an. Nicht herausfordernd, nicht drängend und trotzdem so erschreckend unvermittelt, dass Argalan kälter wurde, als es der Morgen je geschafft hätte.

Sie ging an ihm vorbei, ohne die Augen weiter zu beachten. Auch die Augen beachteten sie nicht, hingen nur starr an ihm. Ein paar Atemzüge benötigte er, um der aufwallenden

Angst Herr zu werden, dann tat er es ihr gleich und packte ruhig und schweigend seine Sachen zusammen. Wenig genug war es ja. Er löschte auf ihr schweigendes Zeichen hin das Feuer und sah gerade noch, wie sie die drei verpackten Fische in seine Tasche schob. Als er sie verständnislos ansah, bemerkte er die Trauer in ihrem Blick. Sie nahm ihn bei der Hand und ging mit ihm wieder an die Spitze über der Biegung des Flusses.

„Folge dem jünger werdenden Fluss weiter nach Westen", erklärte sie, „aber sieh zu, dass du zumindest einen Tag auf dieser Seite bleiben kannst. Der Weg ist nicht ganz einfach, aber du wirst ihn gehen können."

„Was ist ...", warf er verwundert ein, doch sie schüttelte den Kopf.

„Die Wandelnden Bäume werden dich begleiten, aber nicht führen. Das ist auch nicht notwendig. Nichts wird dir geschehen, bis du an dein Ziel kommst. Deine Zukunft wartet auf dich."

Sie wandte sich ab und ging zurück zu ihrem Lager. Nahm ihre kleine Tasche auf und sah den jungen Mann an, der so völlig verwirrt und ratlos vor ihr stand.

„Aber, ich dachte ...", versuchte er es noch einmal und wieder strich sie ihm die wirren Haare aus dem Gesicht wie einem kleinen Jungen.

„Dein Weg führt dich zur Hecke des Wissens am Heiligen Hain", beruhigte sie ihn und erschien ihm dabei völlig verändert. Als wäre sie seit dem Erscheinen der Augen um viele Jahrzehnte älter geworden. „Mein Weg führt zurück zum Dorf und zu meinem Onkel. Die nächste Zeit wird nicht einfach werden, für uns beide nicht, aber sie wird erfüllt sein."
Sie trat einen Schritt zurück und wandte sich ab. Aber sie wartete.
„Du musst mich loslassen", sagte sie endlich leise und er verstand nicht. Wollte schon zu ihr hin, aber sie schüttelte den Kopf.
„Deine Gedanken halten mich fest", erklärte sie ihm. „Dein Geist klammert sich an meinen. Du musst mich loslassen! Nur so kannst du deinen Weg gehen."
Argalan wollte nicht verstehen. Sollte das alles gewesen sein? Diese einzige Nacht? Er hatte sich vorgenommen sie niemals mehr zu verlassen, sie mit seinem Leben zu beschützen. Er hatte es ihr geschworen! Und jetzt verlangte sie von ihm, er solle sie loslassen? Wo er sie doch gar nicht in seinen Armen hielt, wie er es sich eigentlich wünschte?
„Werde ich dich wiedersehen?", wollte er mit ruhiger Stimme wissen, statt all die bestürmenden Fragen auszusprechen, und ein Teil von ihm akzeptierte bereits das

Unabwendbare, das Notwendige. Sie lächelte zwar nur ganz fein, aber ihre Augen strahlten, als sie meinte: „Wenn die Göttin es will, werden wir uns wiedersehen, Argalan. Außerdem wirst du immer in meinem Herzen sein, denn du hast mir mehr geschenkt, als du ahnst. Aber jetzt musst du mich loslassen."

Argalan hatte die starren Augen im grünen Gewirr vergessen. In seinem jugendlichen Herzen tobte ein Krieg und sein Verstand erkannte, dass diese Schlacht in seinem Herzen sein Leben entscheiden würde, auch wenn es die schrecklichste war, die er jemals schlagen konnte. Sein Geist verstand, sein Herz wand sich in Schmerzen. Schmerzen, die er ihr ersparen musste.

Langsam trat er auf sie zu, legte ihr die Hände auf die schmalen Schultern und drückte seine Stirn gegen ihre. Einen langen Augenblick blieben sie so stehen, dann löste er sich und trat wieder zurück.

„Ich lasse dich los", sprach er bedächtig wie eine magische Formel, doch seine Stimme war krächzend und alles andere als fest. Seine Augen brannten, so wie sein Herz. Doch der Kampf war gewonnen. „Das Band in unseren Herzen ist geknüpft, aber ich lasse dich los, damit jeder von uns den Weg gehen kann, der ihm von den Göttern bestimmt ist."

Schweigend sah sie ihn an und in ihren funkelnden Augen

glomm so etwas wie Hochachtung auf. Sie hatte sich gefürchtet vor diesem Augenblick, hatte sie doch den ganzen Weg über gewusst, dass er kommen würde. Hatte mit sich gerungen, ob sie den Schritt machen sollte. Aber dieser junge Mann begriff schneller und umfassender, als sie erwartet hatte. Er würde die in ihn gesetzten Erwartungen erfüllen. Ein klein wenig Stolz stieg in ihr auf, weil sie erkannte, dass ihre Entscheidung richtig gewesen war.

Wortlos drehte sie sich um und stieg den Hügel hinunter. Er wandte sich ab, auch weil er sich nicht sicher war, ob er es ertragen konnte, sie weggehen zu sehen. Noch einmal kontrollierte er, ob das Feuer auch wirklich erloschen war, dann nahm er sein Bündel hoch und sah herausfordernd in die starren Augen, die niemals zu blinzeln schienen.

Keine Reaktion war in den Augen zu erkennen. Kein Gefühl für das, was sie eben beobachtet hatten.

Einen Atemzug lang starrten die Augen auf Argalan und Argalan auf die Augen. Dann waren sie verschwunden. Es war so schnell und unvermittelt gegangen, dass ein leichtes Erschrecken ihn blinzeln ließ. Und deswegen war er sich unsicher, ob er nicht doch so etwas wie einen menschlichen Umriss in der Bewegung gesehen hatte. Ihn durchzuckte die Überlegung, ob die Wandelnden Bäume mehr wie

Menschen oder mehr wie Bäume aussahen. Viele Geschichten gab es über sie. Wenige davon waren freundlich. Aber keine enthielt ihre Beschreibung.

Argalan setzte sich in Bewegung und trug in sich das sichere Gefühl, dass es noch viel zu entdecken gab. Neben dem Brennen in seinem Herzen, von dem er wusste, dass es niemals ganz verlöschen würde.

In einer Beziehung hatte Mooh gelogen. Es gab keinen Weg entlang des Flusses. Zumindest wurde das, was man noch einen Weg nennen konnte, schon nach wenigen Schritten für Argalan gänzlich unsichtbar. Das war ganz normaler Wald, was sich hier um den Fluss drängte. Vielleicht ein wenig dunkler und düsterer, als Argalan es gewohnt war, aber er war auch nicht so dicht und unwegsam, dass man ihn nicht hätte durchqueren können. Trotzdem war er sich sicher, dass hier schon seit längerer Zeit kein Mensch mehr gewandert war. Die kleinen Tiere des Waldes zeigten beinahe mehr Neugierde als Scheu, so wie die Waldkatze am Abend, und das düstere Zwielicht unter dem dichten Dach aus Blättern und Nadeln legte sich dumpf auf sein Gemüt. Wer unter diesen Bäumen wanderte, der tat es nur aus gutem Grund. Dazu kamen die vielen schaurigen Geschichten, die man sich über die

Bewohner des Waldes erzählte. Und über den Wald selbst. Argalan war sich sicher, dass er seine Angst niemals hätte überwinden können, wenn ihn nicht die junge Frau geführt hätte. Und er konnte auch jetzt noch die Angst fühlen, doch das Band in seinem Herzen gab ihm Sicherheit. Das Gelände war zwar nicht so schwierig, aber doch mit ein Grund, dass er keine Eile an den Tag legte. Vieles gab es zu sehen und zu entdecken, und so verfiel er schnell wieder in den alten Trott seiner Reise. Schritt nach Schritt, Stunde nach Stunde. Er hatte Proviant für drei Tage, und wenn er damit sorgfältig umging, dann auch für einige mehr, der Wald würde ihn nicht verhungern lassen. Seine Zukunft erwartete ihn, und so gab es keinen Grund zur Eile. Auch weil die Vergangenheit ihn doch nicht so einfach losließ. Er versuchte sich abzulenken, indem er den Wald ganz genau studierte, alte Geschichten sagte er sich vor und Lieder ließ er erklingen, versuchte sich sogar an einem neuen Lied, doch immer und immer wieder wanderten seine Gedanken zurück zu der jungen Frau. Inzwischen war er sich vollkommen sicher, dass am Fluss und am Lager es dieselbe Frau gewesen war. Auch wenn sein Körper ihm sagte, dass die wundersamen Dinge sich am Lagerfeuer nicht wiederholt hatten, so wusste sein Herz, dass es dieselbe Frau gewesen war. Aber irgendein Unterschied, ein gewaltiger Unterschied, bestand zwischen diesen beiden Erlebnissen. Einer der Bäume war umgestürzt und er musste darüber hinwegklettern, aber dadurch war eine Lücke in dem dichten Dach geschaffen worden und die Sonne zeichnete einen hellen Fleck an einen der nächsten Stämme. Argalan setzte sich in die wohlige Helle, um ein wenig zu rasten. Er schloss die Augen und tat einen tiefen Atemzug, als wollte er die Kraft der Sonne selbst atmen. Ein Atemzug wie tausend andere an diesem Tag und doch etwas ganz Besonderes, weil er ihn mit Achtsamkeit tat.

Etwas ganz Besonderes, weil er es mit Achtsamkeit tat? Argalan horchte einen Augenblick in sich hinein und dann stand der Unterschied ihm so deutlich vor Augen, dass er nicht begreifen konnte, warum er es nicht sofort gesehen hatte. Was am Fluss geschehen war, das hatte nichts mit Leidenschaft und Begehren zu tun.

Eine Beschwörung war es gewesen, ein Ritual. Im Wald am Feuer, ja, da hatte er sie besessen. Da hatten sie sich einander hingegeben, sich treiben lassen von ihrer Leidenschaft. Am Fluss hingegen war es eine heilige Handlung gewesen. Voller Magie, voller Lebenskraft, aber doch ohne Leidenschaft. Ein Ritual, um etwas zu bannen oder um etwas zu erschaffen.

Argalan kannte den Grund nicht, aber er war sich nun vollkommen sicher.

Die Stunden verstrichen und Hügel reihte sich an Hügel. In der ersten Nacht schlief er nicht viel. Spuren von Bären und von Wölfen hatte er gefunden, und obwohl er keinem davon begegnet war, hatte er sein Lager tief im Unterholz aufgeschlagen. Am Fluss wäre es freundlicher gewesen, aber er wusste nicht, wie die Tiere auf seine Anwesenheit reagieren würden. Und er wollt es auch nicht herausfinden.

Der zweite Tag unterschied sich vom ersten nur dadurch, dass die Nacht in der Düsternis des Waldes unangenehmer gewesen war, als er gedacht hatte, und er nach einem anstrengenden Marsch sein Lager nun doch gleich auf einer kleinen Lichtung am Fluss aufschlug. Mochten die Wandelnden Bäume wachen. Vielleicht reichte auch schon ein kräftiges Feuer.

Als Argalan am dritten Tag erwachte und feststellte, dass über Nacht keine Besucher gekommen waren, keimte die jugendliche Unbeschwertheit wieder in ihm auf. Weil die Sonne wärmte, ließ er das Lager, wie es war, und ging in den Fluss schwimmen. Streckte sich danach wieder auf einem Stein aus und hoffte insgeheim ein wenig, das Wunder von neulich würde sich wiederholen. Aber niemand kam aus den Wellen zu ihm. Nur das Rauschen eines leichten Windes oben in den Wipfeln erzählte und das Rauschen des Flusses zwischen den grauen Steinen antwortete. Argalan lag in der Sonne und war nicht schläfrig. Nur ein Gefühl uralter Geborgenheit durchströmte ihn allmählich. Alles war richtig, alles war an seinem Platz, die Dinge der Welt waren wohlgeordnet und nichts störte hier die vollkommene Harmonie. Für einen kurzen Augenblick war ihm, als nehme ihn eine vollkommene Welt auf, umhüllte ihn, erfüllte ihn mit ihrem Frieden und dem Wissen, dass alles ganz genau so war, wie es sein sollte. Er streckte sich und es war ihm, als kuschelte er sich an ein weiches, wunderbares, riesiges Tier, das ihn beschützte und wärmte. Von dem er ein Teil war, nur ein winziges Bruchstück eines vollkommenen Ganzen und doch in seinem einzigartigen Sein akzeptiert. Es war nur ein kurzer Augenblick und Argalan öffnete die Augen, um verwirrt in die Sonne zu blinzeln. Diese Empfindung war neu für ihn. So sehr er seinen Geist auch bei den Übungen gebändigt hatte, so sehr er sich auch bemüht und geschunden hatte, die Verbindung mit dem allumfassend Ganzen herzustellen – noch niemals zuvor war seine Einsicht so tief und so vollkommen gewesen. Und so leicht herzustellen. Vielleicht war doch etwas Wahres daran, dass dieses Land und dieser Wald älter waren als alles andere. Älter und von Kraft und Wissen durchdrungen, die den Menschen fremd geworden waren.

Aber diese Empfindung wollte sich nicht so ohne Weiteres noch einmal einstellen, darum machte er sich ernüchtert auf den Weg zurück zu seinem Lager und erlebte dort seine nächste Überraschung. Das Feuer war nicht nur gelöscht, die Feuerstelle selbst war unter Sand, Steinen und Blättern nicht mehr zu erkennen. Seine Tasche war gepackt, das Schwert steckte in der gerollten Decke und Decke wie Umhang waren bereit, die Reise fortzusetzen. Verblüfft starrte er seine Sachen einen Augenblick lang an und hätte so beinahe die Gestalt im Dickicht des Waldrands übersehen. Auf den ersten Blick ließ sich das Auge auch täuschen. Eine menschliche Gestalt stand dort. Zumindest konnte man menschliche Umrisse erahnen, einen Kopf kleiner als Argalan, aber bedeckt mit Ranken und Blättern war sie. Grün und braun verwaschen. Und zwei Augen, schwarz umrandet und starr. Die Gestalt hob einen Arm, wies auf die Tasche, auf Argalan und dann den Fluss hinauf.

„Ihr seid also ein Wandelnder Baum", stellte Argalan mehr verblüfft als fragend fest. Aber die Gestalt antwortete nicht, sah ihn nur starr an. Und wiederholte dann die Geste.

„Und Bäume sprechen nicht", fügte Argalan noch hinzu, ohne sich zu rühren. Offensichtlich wollte die Gestalt keine Unterbrechung der Reise dulden. Noch einmal wiederholte sie die Geste, dann tat sie eine Bewegung zurück und war in dem dichten Unterholz verschwunden, als wäre sie niemals erschienen.

Bedächtig trat Argalan zu seinen Sachen und nahm sie auf. Bevor er sich wieder auf seinen Weg machte, warf er aber noch einmal einen nachdenklichen Blick dorthin, wo die Gestalt verschwunden war. Das also waren die Wandelnden Bäume? Er hätte schwören mögen, dass dieses Geschöpf weit mehr von einem Menschen als von einem Baum hatte.

Der Fluss wand sich durch die Hügel und Argalan folgte ihm. Das war nicht immer einfach in dem unwegsamen Gelände, aber der Fluss erschien ihm friedlich. Zumindest dort, wo die Hügel flach waren. Manchmal hatte er aber auch schon die Seite eines Hügels abgetragen und den schroffen Fels darunter zum Vorschein gebracht. Dann hieß es für Argalan einen Umweg gehen, auf schmalen Stegen balancieren oder auf dem Fluss von Stein zu Stein springen. Ein nicht ganz ungefährliches Unterfangen und auch nicht gerade mühelos.

Irgendwann stand er wieder vor einer Biegung, hinter der

wieder so eine Felsnase kam, und kratzte sich überlegend am Kopf. Wohl machte der Fluss eine Biegung und gab Raum, aber so konnte er nicht abschätzen, was ihn danach erwartete. Auch die andere Seite des Flussufers kam steil und dunkel heran. Anfangs war dort sicherlich ein Durchkommen, aber ob das auch weiter hinten noch galt? Er hatte keine Lust, Stunden zu klettern, nur um dann doch wieder umdrehen zu müssen. Zumal der Tag auch schon ziemlich fortgeschritten war. Wenn er sich das Bad gespart hätte, dann wäre er wahrscheinlich schon über diese Engstelle hinweg und könnte sich ein ruhiges Lager suchen. Immerhin war er gerade erst über einen Felssturz geklettert und stand nun schon vor dem nächsten. Dazwischen kam ein unscheinbares Seitental mit einem kleinen Bach zu dem Fluss. Er konnte auch versuchen, dort hineinzugehen und den Hügel von hinten zu umrunden. Aber eigentlich wollte er sich nicht allzu weit vom Fluss entfernen.

Je länger Argalan grübelte, umso unschlüssiger wurde er. Jetzt war natürlich auch keiner der Wandelnden Bäume zu entdecken.

Er drehte sich zum Fluss, dann zu dem Seitental und dann wieder zu dem Fluss. Es war doch nicht möglich, dass er mit einem Mal keine Entscheidung mehr treffen konnte? Er konnte natürlich auch hier die Nacht verbringen. Es war zwar eigentlich noch zu früh, aber es war ein guter Platz. Nur ganz langsam begriff Argalan, was an diesem Platz gut war. Was anders war. Und was ihn überrascht und verwirrt hatte. Nach den Tagen in dem Zwielicht des Waldes stand er nun auf einer größeren Lichtung. Es schien geradeso, als hätte der Wald beschlossen, hier eine Ausnahme zu machen. Als wären die Bäume zurückgewichen, um Raum zu geben für etwas, das er nicht erkennen konnte. Noch einmal besah sich Argalan genau den Fluss und den kleinen Bach. Den Waldrand, den Hügel gegenüber, die Lichtung mit dem hellen Gras und die schroffe Felsnase darüber.

Erschrocken machte er unwillkürlich einen Schritt zurück und sah noch einmal genauer hin. Oben an der Kante, verschwommen vor dem Dunkel des Waldes, stand ein gewaltiger Mann. Und dass er nackt zu sein schien, war noch das Normalste an ihm. Seine Haut wirkte grün schillernd, ein Schwall Blätter und Ranken fiel statt Haaren straff und lang über seine Schultern. Ein mächtiger Bart lag auf seiner breiten Brust. Und groß war er. Geradezu riesig. Sicherlich einen, wenn nicht zwei Köpfe größer als Argalan, und der überragte schon die meisten. In seiner Hand trug er einen gigantischen Knüppel, eigentlich schon ein ganzer Baum, und er hielt ihn ohne sichtliche Anstrengung.

Der Grüne Mann höchstpersönlich zeigte sich, stellte sich ihm in den Weg und Argalan verstand nun die Ungeduld des Wandelnden Baumes. Er war am Ziel. Doch mit einem Mal war er sich nicht sicher, ob das nun hieß, dass er angekommen war oder dass er hier sterben würde. Vielleicht bedeutete das Erscheinen des Grünen Mannes, dass dieser nun doch beschlossen hatte, ihn zu erschlagen. Für einen kurzen Gedanken war Argalan froh, dass Mooh nicht mehr bei ihm war. Und wünschte sich doch gleichzeitig, ihre ruhige Selbstverständlichkeit neben sich zu fühlen. Weglaufen! Alles in ihm schrie danach, kehrtzumachen und zurückzulaufen!

Argalan schaffte es endlich, seine wirbelnden Gedanken einzufangen, und atmete tief durch, um seiner Angst Herr zu werden. Nun, wenn der Grüne Mann beabsichtigte, ihn zu töten, dann ließ er sich viel Zeit damit. Noch immer stand er bewegungslos oben auf den Felsen und schien zu warten. Also trat Argalan bebend vor Erregung einen Schritt vor. Und noch einen. Bis er in der Mitte der Lichtung stand und zu dem grünen Riesen über sich aufsah. Bewegung kam in die Gestalt, er hob seinen Arm mit dem Knüppel mühelos und ließ den Stab wieder zu Boden. Ein

Donnern ertönte, als wäre der Felshaufen innen hohl. Noch einmal. Und ein drittes Mal ließ er den Fels dröhnen wie eine riesige Pauke. Dann stand er wieder still, als hätte er nicht eben die Erde erzittern lassen.

Dafür bewegte sich jetzt unten an dem Felsen etwas. Vor ein Weißdorngebüsch trat eine Gestalt, die auch schon zuvor dort gewesen sein musste, aber Argalan hatte sie nicht bemerkt. Oder sie war tatsächlich aus dem Nichts gewachsen. Hinter dem Gebüsch aus dem Fels getreten? Diese Gestalt war das Gegenteil des Riesen auf dem Hügel. Ein alter Mann, in einen alten Umhang gewickelt und schwer auf seinen Stab gestützt. Ein verhutzeltes, altes Männlein entdeckte Argalan, als es näher kam, und offenbar sehr alt, so wie es ging und sich auf seinen Stock stützte. Mehr als zwei Köpfe kleiner als Argalan. Aber unverkennbar ein alter und sicherlich mächtiger Druid.

„Wer, woher und wohin?", wurde er unfreundlich gefragt und die stechenden Augen in dem zerknitterten Gesicht wirkten keineswegs so alt wie das Männlein an sich.

„Mein Name ist Argalan", antwortete der junge Mann ruhig und gemessen, „ich bin der Sohn des Argal, des obersten Kriegers und Lehensherrn unseres Stammes. Unser Dorf liegt viele Tagesreisen gegen Sonnenuntergang und ich bin auf dem Weg zum Heiligen Hain."

Die Antwort schien dem Männlein zu genügen, aber nicht weiter interessant.

„Warum?", wollte er geringschätzig wissen. Doch Argalan ließ sich davon nicht beirren.

„Ich bin ein Freier von Rang von Geburt und ein Druide von Ausbildung. Lange Jahre habe ich bei meinem Meister gelernt. Bis der Tag kam, an dem mich mein Meister wegschickte, damit ich zu dem Heiligen Hain gehe, um all das zu lernen, was er mich nicht mehr lehren kann."

Alt und resignierend schüttelte das Männlein den Kopf und sah zu Boden.

„Kehr wieder um, junger Druid. Such dir ein nettes Dorf und eine gute Frau und lebe mit dem, was du von deinem Meister gelernt hast. Der Heilige Hain ist nur eine Geschichte, aber sie hat mehr Männer ins Unglück gestürzt als ein großer Kampf. Es gibt ihn nicht. Es gibt keine Quelle, aus der man einfach trinkt und Weisheit erlangt. Nur eine Geschichte ist das, offensichtlich nur eine Lüge."

Argalan fühlte den Boden unter seinen Füßen wanken. Eine Welt brach um ihn zusammen und das Licht der Sonne wirkte kalt. War alles umsonst gewesen? Hatte sein alter Meister ihn belogen? Hatte Mooh ihn nur gehen lassen, weil sie gewusst hatte, dass er wieder zurückkommen würde?

Das Ritual am Fluss war vollzogen worden. Ein Wandelnder Baum hatte ihm den Weg gewiesen. Der Grüne Mann war vor ihm erschienen. Zu viele Wunder! Argalan atmete tief durch und richtete sich zu voller Größe auf. Irgendwie wusste er, dass der alte Meister Garlond in diesem Augenblick vor seiner Hütte saß und lächelte. Und mit einem Mal war da wieder diese Sicherheit, dass alles ganz genau so war, wie es sein sollte. Die große, alles umfassende Kraft.

„Offensichtlich eine Lüge? Nun, mein alter Meister lehrte mich, das Offensichtliche zu glauben, doch ihm nicht zu vertrauen. Wenn auch Ihr den Weg nicht kennt, alter Mann", meinte er fest, aber mit Respekt, „dann werde ich eben weitersuchen müssen. Meinen Weg zum Heiligen Hain."

Er zog seinen Umhang und seine Tasche zurecht, dabei fiel der Blick des alten Männleins auf seine Decke und das darin eingerollte Schwert.

„Dieser Wald ist nicht ungefährlich für Reisende", erklärte er zu gemächlich nach dem verräterischen Aufblitzen seiner Augen. „Wäre es nicht vernünftiger, Euer Schwert griffbereit an der Seite zu tragen?"

Argalan lachte und schüttelte den Kopf.

„Ich bin mir allmählich sicher, dass in diesem düsteren

Wald nichts ist, das einem friedlichen und aufmerksamen Wanderer gefährlich werden könnte. Gefahr für den Menschen gibt es nur dort, wo er von unwissenden Menschen umgeben ist."

Ihm war nicht wirklich klar, warum ihm dieser Satz entschlüpfen konnte, aber in seiner berauschenden Ruhe schien er ihm richtig. Und auch das alte Männlein legte verwundert den Kopf schief.

„Außerdem bin ich kein großer Krieger mit dem Schwert", gestand Argalan freimütig ein, „ich kann mich vielleicht ein wenig verteidigen, aber auch damit ist es nicht weit her. Das Schwert ist ein Geschenk für die Menschen, dort, wohin ich gehe, auch wenn Ihr nun sagt, dass es den Heiligen Hain nicht gibt." Wieder lachte er und schüttelte den Kopf. „Eigenartig, ich habe eigentlich nie angenommen, dass da eine Quelle ist und ich nur einen Schluck daraus trinken muss, um Weisheit zu erlangen. Das wäre zu einfach, und so einfach machen es uns die Götter sicherlich nicht. Nein, Weisheit kommt mit leisen Schritten, so sagte zumindest mein alter Meister Garlond immer."

Obwohl Argalan mit seinen wirren Gedanken und Gefühlen beschäftigt war und mehr als nur unachtsam durch die unwirkliche Ruhe, die ihn durchströmte, so bemerkte er doch, dass das Männlein ganz genau auf jedes seiner Worte achtete, und dann, zum Schluss, die überraschte Veränderung im Gesicht des alten Mannes.

„Ihr kennt meinen alten Meister? Meister Garlond?", hakte er überrascht nach.

„Von einem MEISTER Garlond habe ich noch nie gehört", kam die prompte Antwort, doch die Betonung lag viel zu offensichtlich auf dem ‚Meister', und das spitzbübische Grinsen, das über die tiefen Furchen huschte, strafte ihn Lügen. Dann leerte sich sein Gesicht und bald beschloss das Männlein auch noch, den jungen Mann vor sich zu vergessen, und versank in Schweigen und in seinen Gedanken. Argalan betrachtete ihn eine ganze Weile und wurde sich klar darüber, dass von diesem unscheinbaren, alten, zerknitterten Mann, der so gar nicht Ehrfurcht gebietend und mächtig wirkte, doch etwas ausging, das seine Umgebung beherrschte. Aber Argalans jugendliche Ungeduld war nicht so einfach zu zügeln. Er räusperte sich bald, aber der Alte reagierte nicht. Also räusperte er sich noch einmal geräuschvoller und scharrte ungeduldig mit den Füßen. Aber auch diesmal nahm der Alte keine Notiz von ihm.

„Meister", sprach er ihn endlich an und das Männlein hob den Blick zu ihm auf. Einen Blick, der davon sprach, dass der alte Mann in seinen Gedanken weit, weit weg gewesen war und nur langsam zurückfand.

„Meister", sagte Argalan noch einmal, obwohl sich der Alte gar nicht vorgestellt hatte, „wenn Ihr mir sagt, dass es den Heiligen Hain nicht gibt, so muss ich Euch glauben. Aber vielleicht könnt Ihr mir doch raten, wohin ich nun gehen soll. Kann man dem Fluss weiter hinauf folgen?"

Lange sah ihn der alte Mann durchdringend an, dann nickte er.

„Auf der anderen Seite kann man dem Fluss folgen. Manche wählen diesen Weg. Mehrere Quellen hat der Fluss, haltet Euch gegen Norden und in ein paar Tagen kommt Ihr an die alte Quelle. Von dort gibt es zwei Wege. Einer weiter den Wald entlang nach Norden, dorthin, wo die Nordmänner wohnen. Menschen, die über das nördliche Meer gekommen sind, sich an der Küste angesiedelt haben und nun jedes Jahr weiter nach Süden wandern. Ihr könnt von der Quelle auch gegen Westen gehen, aus dem Wald heraus. So kommt Ihr bald auf die fruchtbare Ebene nördlich Eurer Heimat."

Argalan nickte und nagte an seiner Unterlippe.

„Und den Fluss zurück?", fragte er und wieder nickte der Alte.

„Ihr könnt auch den Weg zurückgehen, wenn es dort etwas gibt, das Euch wichtig ist."

Argalan überlegte, er grübelte und fasste dann einen Entschluss. Einen Entschluss, der ihn seufzen ließ. Dieser unwillkürliche Seufzer veranlasste den alten Mann, den Kopf wieder schief zu legen und den großen, jungen Mann vor sich anzublinzeln.

Es dauerte eine ganze Weile, bis Argalan auffiel, dass der Alte auf etwas wartete. Hatte er etwas übersehen? Wieder zog Argalan grübelnd die Stirn in Falten und wie ein Donnerschlag rührte ihn die Erkenntnis an, als er zu begreifen begann.

„Ihr habt mir die Wege gezeigt, die ich gehen kann, Meister", begann er vorsichtig, „aber welchen davon RATET Ihr mir zu gehen? Welchen Weg würde mir mein Meister Garlond raten?"

Wieder huschte bei der nicht unabsichtlichen Nennung des Namens ein Lächeln über das zerfurchte Gesicht, diesmal schien es ein wenig wehmütig zu sein.

„Keinen davon", meinte der alte Mann entschieden und grinste. Und grinste noch breiter, als er Argalans schlecht verhohlene Überraschung bemerkte. „Es gibt sogar noch viele Wege mehr, die Ihr gehen KÖNNTET, als ich Euch genannt habe", fuhr er fort. „Aber ich rate Euch zu keinem dieser Wege, und das nicht nur, weil ich nicht mehr erwartet habe, den Namen meines alten Freundes noch einmal zu hören."

Obwohl er irgendwie damit gerechnet hatte, schnappte Argalan nach Luft und Worten und stand doch nur stumm und sprachlos da. Er benötigte ein paar Augenblicke, bis er sich gefangen hatte, aber das Männlein ließ ihn gar nicht zu Wort kommen.

„Ihr werdet den Fluss hier verlassen, junger Druid", erklärte er bestimmt. „Dem Bach werdet ihr ein paar Schritte folgen, bis sich ein kleines Tal öffnet, dort wendet Ihr Euch nach rechts, den Hügel hinauf. Fast ganz oben steht eine alte Eiche, Ihr könnt sie nicht verfehlen. Dort wird Euch ein Kobold erwarten, den Ihr auch nicht verfehlen könnt. Er ist frech, vorlaut und schmutzig, aber er wird Euch führen. Doch verliert ihn nicht, er ist schnell."

Er machte eine Pause und wartete ab, aber Argalan stand nur stumm da und starrte ihn blöd an. So verhutzelt und klapprig wirkte der Alte mit einem Mal gar nicht mehr.

„Na, nun geht schon!", herrschte der ihn an und wies mit seinem Stab in die angegebene Richtung. „Geht schon! Es gibt noch viel zu tun und der Tag ist nicht mehr jung."

Gehorsam wandte sich Argalan ab und folgte dem Bach. Tatsächlich musste er nur wenige Schritte gehen, bis die Felsformationen zurückwichen und der Wald lichter wurde. Er hielt sich rechts und konnte bald schon von Weitem über sich einen helleren Schimmer durch das Gehölz erkennen. Es war eine kleine Lichtung, auf der eine alte Eiche stand. Aber sie stand allein. Er trat aus dem dichteren Wald ins Helle und sah sich nach seinem Führer um. Fast im gleichen Augenblick schoss ein Knäuel um den Stamm herum und auf ihn zu. Kurz vor ihm trennte es sich in einen struppigen Hund und einen noch struppigeren Jungen. Der Hund knurrte ihn kurz an, aber der Knirps lachte, ließ ein makelloses Gebiss in dem schmutzigen Gesicht sehen und rief dem Tier etwas zu, das Argalan nicht verstand. Dann wandte er sich dem jungen, verblüfften Mann zu und hielt ihm eine kurze Ansprache in wichtigem Ton, von der Argalan zumeist ebenso wenig verstand. Der Knirps hatte eine fürchterliche Aussprache, er verwendete einen Dialekt, den Argalan nicht einordnen konnte, und er zeigte bei Weitem nicht die Ehrerbietung, die einem Druiden zugestanden hätte. Irgendetwas an Argalans Bart schien ihn furchtbar zu amüsieren. Und er schien gewartet zu haben, weil Argalan sich verspätet hatte.

Der junge Mann konnte nicht anders, als den Burschen mit offenem Mund anzustarren. Wieder lachte der Knirps hell auf, dass seine Zähne blitzten, und winkte Argalan, ihm zu folgen. Noch bevor der richtig verstanden hatte, waren Junge und Hund auch schon verschwunden. So blieb

Argalan nichts anderes übrig, als ihnen hastig zu folgen. Eine atemlose Jagd ging kreuz und quer durch den Wald. Zumindest kam es ihm so vor. Er bemerkte aber auch schnell, dass der Junge immer darauf achtete, dass er den jungen Druiden nicht verlor. Also zügelte der das Tempo, so weit es ging, war aber ebenso darauf bedacht, den Jungen nicht zu verlieren. Seine Orientierung hingegen, die hatte er bei all den Winkeln, Haken und Bögen, die seine Führer schlugen, längst verloren.

Der alte Mann hatte gemeint, ein Kobold würde ihn führen. Nun, zumindest frech und schmutzig war er, aber ganz sicher kein Kobold. Ein Junge war das, vielleicht acht Jahre alt. Auch wenn seine Behändigkeit, mit der er um die Steinhaufen, Baumgruppen und Büsche hetzte, der seines Hundes in nichts nachstand. Vielleicht war er ja doch ein Kobold, überlegte Argalan schwitzend und keuchend, und er hatte sich Kobolde nur ganz anders vorgestellt. Eigentlich hatte er sich noch nie überlegt, wie denn ein Kobold des Waldes aussehen sollte. Und er hatte gerade jetzt keine Zeit dazu. Seine Führer hielten ihn ordentlich auf Trab und sorgten dafür, dass er sich ernsthaft verirrte.

Nachdem sie mehrmals die Hügel hinauf und wieder hinunter waren, sicherlich mehrmals denselben kleinen Bach durchwatet hatten und die Sonne sich allmählich in ihr abendliches Dunkelrot zu kleiden begann, blieben der Junge und der Hund endlich stehen. Keuchend wankte Argalan heran und hätte sich am liebsten der Länge nach auf den weichen Waldboden fallen lassen.

„Ihr werdet erwartet", sagte der Junge feierlich und plötzlich völlig fehlerfrei im Dialekt der Bojer und wies Argalan auf die Lichtung hinter sich hinaus. Dabei war er so ernst und zeremoniell, dass Argalan gar nicht anders konnte, als an ihm vorbei auf die Lichtung hinaus zu tapsen.

Obwohl es noch nicht richtig dämmrig war, brannten rings um die Lichtung vier Feuer. Eines für jede Himmelsrichtung. In der Mitte hatte jemand schlanke, junge Birken gepflanzt und aus dem Halbschatten dazwischen trat eine Gestalt auf ihn zu. Argalan musste zweimal hinsehen, bevor er den Alten vom Flussufer wiedererkannte. Größer schien er geworden zu sein, und jünger.

Auf seinen Wink hin näherte sich Argalan und sah, dass zwischen den jungen Stämmen ein Schlehdorn wucherte, der inzwischen ein richtiges Dach gebildet hatte. Und unter diesem Dach fand Argalan aus frischen Decken ein Lager bereitet.

„Argalan", sagte der Alte würdevoll, „Sohn des Argal,

Schüler des Garlond, hier auf diesem Lager wirst du diese Nacht verbringen. Frisches Wasser wird dir gebracht werden und es ist dir gestattet, noch einmal auszutreten, bevor die Sonne versunken ist. Ansonsten wirst du fasten heute Nacht, und du wirst schlafen und träumen unter dem Schlehdorn und deine Träume werden dir und uns deinen Weg weisen."

Unbemerkt von Argalan war ein junger Mann in einfacher Kleidung zu ihnen getreten, vielleicht ein wenig älter als Argalan selbst. Er hielt den beiden Männern einen einfach gearbeiteten Krug hin. Der alte Mann trank einen kleinen Schluck und reichte ihn an Argalan weiter. Der war ungleich durstiger von dem Lauf durch den Wald und genoss das frische, kühle Wasser in langen Schlucken. Doch seine Aufmerksamkeit bestürmten viele Dinge gleichzeitig. Der Krug war rau und einfach, und doch war offensichtlich viel Kunstfertigkeit aufgewendet worden. Rings um sie herum traten Männer aus den tiefen Schatten des Waldes und trafen sich an den Feuern. Die meisten von ihnen trugen weite, graue Umhänge. Zwei der Männer traten auch zu ihm und dem alten Mann. Sie trugen keine Umhänge, sondern Felle von unterschiedlichen Tieren, ihre Gesichter waren bemalt und in ihren Händen hielten sie große Trommeln und Rasseln. Argalan kannte Ovaten aus seiner Heimat und von seiner Reise, diese beiden hier legten aber sehr viel mehr Ernsthaftigkeit an den Tag, als Argalan auch bei schwierigen Heilungen bisher erlebt hatte. Normal gekleidete Männer ohne Umhang traten zu den Gruppen und brachten Decken und andere Dinge, Kinder liefen mit einem Mal über die Lichtung und niemand schien von Argalan Notiz zu nehmen. Er trank noch einmal durstig und reichte den fast leeren Krug dem jungen Mann zurück. Der nahm ihn ernsthaft entgegen und ging, um ihn wieder zu füllen.

„Heute Nacht wirst du schlafen und wir werden wachen", erklärte ihm der alte Mann. „Und morgen früh werden wir weitersehen."

„Wenn die Götter es wollen", setzte Argalan ehrfürchtig hinzu, wie er es gelernt hatte. Aber er erntete dafür nur ein überraschtes Lächeln, das er beinahe als spöttisch empfand.

„Nun, morgen werden wir weitersehen", erklärte der Alte bestimmt, „und ob wir die Götter fragen, das werden wir uns noch überlegen."

Damit wandte er sich ab und nahm die beiden Ovaten mit sich. Argalan starrte ihnen mit offenem Mund hinterher. Wann hatte jemals ein Mensch gewagt, so über die Götter zu sprechen? Belenus selbst musste augenblicklich erscheinen und ihn erschlagen, Lugh ihn blenden, die große

Mutter Brigda musste die Erde unter ihm öffnen und ihn verschlingen – doch nichts dergleichen geschah. Stattdessen stupste ihn der junge Mann von vorhin an und hielt ihm den neu gefüllten Krug noch einmal hin. Aber Argalan schüttelte den Kopf. Also stellte er den Krug neben das Lager und machte sich daran, Argalan zu helfen, die Sachen abzulegen. Wenig genug war es ja.

„Du dienst dem alten Mann?", wollte Argalan wissen, nachdem er sich ein wenig gefangen hatte.

„Ich bin ein Freier von Geburt wie Ihr", erklärte der Mann in der einfachen Kleidung ernsthaft. „Und ich gehöre dem Meister Llaglard, wie es Vertrag und Regel besagen."

Argalan wollte sofort etwas fragen, aber der junge Mann schüttelte den Kopf. Er hatte eine Ecke des Vorhanges ein klein wenig gehoben, doch das Geheimnis musste gewahrt werde.

Argalan trödelte herum, verschwand noch einmal hinter einem Gebüsch und harrte ansonsten der Dinge, die da kommen mochten. Rings um ihn unterhielten sich ungezwungen Menschen, manchmal schallte Lachen bis zu ihm, aber niemand näherte sich dem Lager zwischen den Birken oder sah auch nur in seine Richtung. Doch wahrscheinlich wurde er von vielen Augen genau beobachtet. Nur in einem war er sich vollkommen sicher, schlafen würde er nicht können. Dazu war er viel zu aufgeregt.

Kaum war die Sonne hinter den Wipfeln der Bäume verschwunden und der erste Stern aufgeflammt, als einer der Ovaten ein Signal auf seiner Trommel über der Lichtung erschallen ließ. Die Männer in den Umhängen trennten sich von ihren Gefährten und den Feuern, zogen die Kapuzen über ihre Köpfe und bildeten auf halbem Weg zwischen den Birken und den Feuern einen Kreis. Dort ließen sie sich nieder und erstarrten allmählich in Schweigen. Die Ovaten hatten sich an gegenüberliegenden Feuern eingefunden und abwechselnd ertönten ihre Stimmen in monotonem Sprechgesang. Dann klangen nur mehr die Trommeln.

Argalan gelang es vor lauter Staunen nicht, auch nur einen vernünftigen Gedanken zu fassen. Noch immer saß er da und starrte in die Runde der Gestalten, die allmählich mit der Dunkelheit verschmolzen. Endlich fiel ihm ein, dass er doch schlafen sollte, also streckte er sich lang aus, was seinen müden Gliedern nach der Hatz durch den Wald guttat, und starrte in das undurchdringliche und doch vielschichtige Schwarz der Zweige über sich. Er musste es zumindest versuchen, doch er war viel zu aufgewühlt und erregt, um an Schlaf zu denken, so monoton die Trommeln auch waren.

Wenige Atemzüge später war er im Land der Träume.

Eine ganze Weile benötigte Argalan, um zu erkennen, welche Veränderung in seiner Umgebung ihn geweckt hatte. Da war eigentlich nichts Absonderliches. Er lauschte und endlich durchzuckte es ihn – die Trommeln waren verstummt! Erschrocken richtete er sich auf und blinzelte in das neblige Licht des Morgens. Rings um ihn streckten sich Gestalten, erhoben sich und versuchten die Erstarrung des langen Sitzens aus ihren Knochen zu bringen. Argalans Kopf dröhnte und er fühlte sich noch um vieles aufgewühlter als am Abend. Ganz eigenartige Dinge hatte er geträumt. Aufregende und erschreckende Dinge. Aber fürchterlich war für ihn, dass er nichts davon kannte oder erklären konnte. Nun, Mooh hatte er gesehen. Aber nicht die Mooh, die er kannte. Angst hatte ihr Gesicht verzerrt, Schmerz hatte sie schreien lassen. Noch immer meinte er diese Schreie in seinem Kopf zu hören, wie ein Echo. Und er hatte nichts tun können, um ihr zu helfen. Mauern waren da gewesen, hoch bis in den Himmel. Und statt des Himmels bunte Bilder. Ein schwimmender, weißer Berg. Oder eine weite Wasserfläche, begrenzt von weißen Klippen. Ein Drache, der am Himmel flog. Oder vielmehr rot auf einen Fetzen Stoff gemalt war, der im Wind knatterte. Und ein Vogel, ein Raubvogel, ein Falke vielleicht.

Argalan schlug die Hände vors Gesicht und konnte es nicht fassen. So vieles hatte er gesehen, und schon wenige Atemzüge später begannen die Bilder zu verblassen und zu verschwimmen. Nur die Schreie der jungen Frau hatten sich in sein Herz gekrallt. Und Feuer! Ach ja, Feuer war da gewesen. Und ein Mann darin. Irgendwie wurde dieses Bild deutlicher, während alles andere im Dunkel versank. Deutlicher, aber nicht so, dass er etwas erkennen konnte. Nur ein Mann im Feuer. Aus diesen Träumen waren für ihn keine Lehren zu ziehen!

Der Diener Llaglards war wieder da, unbemerkt und leise, wie es seine Art zu sein schien. Er brachte einen neuen Krug Wasser und eine Schüssel mit Brei, der in der kalten Luft des Morgens dampfte. Die roten Flecken in seinem Gesicht zeigten, dass er zur Feier des Tages sein Gesicht frisch geschabt hatte. Nur den Schnurrbart hatte er stehen lassen, wie es bei Männern aus gutem Hause Sitte war. Argalan gedachte seines eigenen, ziemlich schütteren Vollbartes und er erinnerte sich an den spöttischen Blick des Jungen mit dem Hund. Aber anderes war wichtiger. Er zeigte auf den Waldrand und fragte: „Kann ich …"

Sofort nickte der Mann und zog sich stumm zurück, meinte aber dann doch leise: „Die Beratung wird noch ein wenig dauern."

Argalan streckte sich und verschwand im Gebüsch. Auf seinem Weg zurück versuchte er so zu tun, als müsste er seine Beine lockern, und kam in die Nähe eines der Feuer. Aber die Menschen wichen ihm aus. Sie mieden ihn nicht offensichtlich, aber Argalan verstand und ging zurück an seinen Platz. Niemand würde mit ihm sprechen, bevor nicht die Beratung abgeschlossen war. Er suchte den Meister Llaglard mit seinen Blicken, aber der war nirgends zu entdecken. Also musterte er die Männer an den wärmenden Feuern ruhiger und entdeckte, dass er am Abend wohl nicht ordentlich hingesehen hatte. All diese Menschen trugen Umhänge in den unterschiedlichsten Grautönen, wie es entstand, wenn man Wolle verwob, ohne auf die Färbung zu achten. Nur ab und zu, wenn jemand etwas brachte, erschienen Menschen in den farbenfrohen Mustern, die er gewohnt war. Aber – nicht alle in den grauen Umhängen waren Männer! Nur zu deutlich sah er im Licht der rasch aufsteigenden Sonne, dass nicht wenige der Menschen Frauen waren. Es war nicht ungewöhnlich, dass es auch durchaus einflussreiche Frauen gab, aber in einem normalen Dorf waren sie wohl eher in der Minderzahl.

Hier, hätte er schwören mögen, waren wohl so viele Frauen wie Männer. Mooh fiel ihm dabei wieder ein und er wäre beinahe aufgesprungen. Etwas musste ihr zugestoßen sein! Etwas bereitete ihr Schmerz! Oder würde ihr Schmerz bereiten, in der Zukunft. Träume sagten nichts darüber, ob ihre Bilder in die Vergangenheit, die Gegenwart oder die Zukunft gehörten, so viel wusste er von Garlond.

Während seine Gedanken um die junge Frau kreisten, hätte er beinahe übersehen, dass eine auffällige Gruppe von Menschen auf die Lichtung getreten war. Allen voran schritt ein riesiger Mann mit einem mächtigen Knüppel. Grün war sein nackter Körper und mit Ranken umsponnen, das Haar voller Blätter und mit Kalk nach hinten oben stehend. Ein wahrlich Furcht einflößender Anblick. Auch weil der Mann neben ihm dadurch noch kleiner und zerbrechlicher wirkte. Llaglard schritt neben dem Grünen Mann, nun in das weiße Zeremoniengewand der Druiden gekleidet, um seine Schultern ein leichter Umhang in unterschiedlichen Brauntönen und in seinem Gürtel die goldglänzende Sichel als Zeichen seines Standes. Hinter den beiden kamen noch andere Personen. Zwei alte Druiden in weißen Gewändern, wobei des einen Bart und Haar so weiß schien, dass es nicht von seiner Kleidung zu unterscheiden war. Dann folgten zwei Frauen in geschmückten Kleidern und dunklen Umhängen. In ihren Gürteln steckten silberne Sicheln, wie Argalan sie noch nie gesehen hatte. Und den Frauen wiederum folgten, offensichtlich müde und ermattet, die beiden Ovaten in ihren Fellen. Wobei sich Argalan jetzt, da er genauer hinsah, nicht sicher war, ob nicht auch einer der Heiler eine Frau war.

Überrascht fühlte Argalan, dass ihm der Diener Llaglards seinen Umhang umlegte, und bekam gerade noch mit, dass der seine Tasche und die Decke mit dem Schwert aufnahm, als eine Stimme über die Lichtung klang.

„Argalan, Argals Sohn – tritt vor."

Die Gruppe war auf halbem Weg stehen geblieben und er ging ihnen nun entgegen. Der junge Mann mit seinen Sachen folgte zwei Schritte dahinter und auch die Menschen von den Feuern kamen näher und bildeten einen dichten Kreis.

„Wer seid Ihr und was begehrt Ihr?"

Llaglards Stimme war kräftig und schallte über die ganze Lichtung. Alt war der Mann immer noch, aber von Gebrechlichkeit war keine Spur mehr zu bemerken.

„Mein Name ist Argalan", antwortete er ruhig, „ich bin ein Sohn Argals, des Führers unseres Stammes, und ich bin der Schüler Garlonds, unseres Druiden. Und ich wünsche zu lernen."

Die Menschen schwiegen und Argalan mit ihnen. Dann erinnerte er sich an die Anordnungen seines Meisters und an die schier endlosen Streitgespräche, die daraufhin mit seinem Vater, seinen Onkeln und deren Frauen gefolgt waren. Vielleicht wäre es leichter gewesen, wenn seine Mutter auch den Status der Frau des Hauses gehabt hätte, vielleicht war es aber auch hilfreich gewesen, dass seine Mutter die jüngste der Frauen seines Vaters war. Seinen Brüdern schien die Lösung gar nicht so schlecht zu gefallen. Einer weniger, der das Land beanspruchen konnte, und es waren ihrer schon genug da.

„Mein Name ist Argalan", begann er noch einmal und holte das zusammengelegte Tuch unter seinen Kleidern hervor, in dem er bewahrte, was ihm als Erbteil mitgegeben worden war. „Ich war einer der Söhne des Argal, bis dieser mich freigab. Erzogen wurde ich als Junge von Bergor, dem Herrn im Seenland, bevor ich zu Garlond dem Druiden in die Lehre kam. Sie alle gaben mich frei aus ihrer Familie, aus ihren und meinen Verpflichtungen. Mein Erbteil trage ich bei mir, den Wert von drei Ochsen und drei Kühen. Ebenso besitze ich angemessene Kleidung auch für die kalte Zeit und das Zeremoniengewand meines Standes als Druide. Und das Schwert, das mein Meister

Garlond mir mit auf den Weg gab."

„Wie heißt der Schmied eures Dorfes?"

Die Frage kam überraschend und von hinten. Und während er sich noch verblüfft umwandte, kam schon die nächste Frage, diesmal von rechts vorne.

„Wie ist der Name Eurer Mutter und woher stammt sie?"

„Wer war der Vater Eures Vaters?"

Verwirrt bemühte sich Argalan, die auf ihn einstürmenden Fragen zu beantworten.

„Welche Farbe hat Garlonds Umhang?"

„Welcher Stamm lebt nördlich von Euch?"

„Wie heißt die Hausfrau Bergors?"

„Wann muss Ratsversammlung abgehalten werden, außerhalb der Zeit?"

„Was war das letzte Bild Eures Traumes?"

„Wem gebührt das Recht des ersten Feldes bei einer Pfluggemeinschaft?"

Bemüht, all die auf ihn einstürmenden, immer neuen Fragen zu beantworten, begriff er schnell, dass sie ihn prüften. Nicht nur sein Wissen um die Regeln, auch seine Verwandtschaftsbande. Denn behaupten konnte bald einer etwas.

„Wie hoch ist der Erbteil eines kalten Sohnes?"

„Wie nennt sich der Druide des Stammes südwestlich von

Eurem Stamm?"

„Wozu benutzt Ihr junge Birkentriebe?"

„Wie ist der Name der Hausfrau Eures Onkels im Osten?"
Mehr und immer mehr Fragen prasselten auf ihn ein, zumal sie ihm meist kaum die Zeit ließen, zwischen diesen Fragen auch zu antworten. Er mühte sich redlich, aber die Pausen waren zu kurz, oft schaffte er es nur, gerade mal anzusetzen. Doch auch immer weitschweifiger wurden die Fragen nach seinen Familienbanden und immer genauer und länger musste er überlegen, um keine falsche Antwort zu geben. Nur ein Mal war die Sturzflut der Fragen kurz abgebrochen. Als er den Mann im Feuer als letztes Bild seines Traumes genannt hatte. So als hätte die Fragenden seine Antwort verwirrt. Wahrscheinlich hatte er sich aber getäuscht.

Endlich hob der alte Meister seinen Stab und alle verstummten. Aber fürs Erste wurde der atemlose junge Mann in ihrer Mitte nicht beachtet.

Llaglard wandte sich dem Grünen Mann zu, dieser nickte, verbeugte sich wie vor einem Gleichgestellten und ging weg. Verwundert konnte Argalan den Blick nicht von ihm nehmen. Bei einem Riesen wie ihm hätte man erwarten können, dass er donnernd von dannen gestampft wäre. Stattdessen bewegte er sich so lautlos, als würde selbst das

Gras seinen Schritten ausweichen. Inzwischen waren die beiden Frauen zu Llaglard getreten. Auch sie verbeugten sich, wandten sich ab und gingen. Und mit ihnen gingen die Ovaten und beinahe die Hälfte der Menschen aus dem Kreis um ihn. Alle Frauen verließen die Lichtung und zurück blieb eine Handvoll Männer, von denen jeder zumindest Argalans Vater hätte sein können. Auch der junge Diener hinter ihm war verschwunden, mit seinen Sachen.

„Es ist beschlossen", sprach der alte Mann feierlich und der Kreis rückte enger zusammen, um die Lücken zu schließen.

„Argalan, Schüler Garlonds – Ihr werdet in die Gemeinschaft des Haines aufgenommen. Ich nehme Euch an als meinen Ziehsohn, als meinen mündigen Sohn, als meinen warmen Sohn mit all den Rechten und Verpflichtungen, die Euch und mir und der Gemeinschaft daraus erwachen. Euren Erbteil, den Ihr einbringt, verwahrt einstweilen selbst, bis anders darüber entschieden wird. Über die Regeln der Verwandtschaft hinaus werdet Ihr Euch den Regeln der Gemeinschaft unterwerfen. Solange Ihr es wollt oder so lange, bis die Gemeinschaft Euch ausschickt. Ihr werdet einem Meister unterstellt, der Eure Ausbildung bestimmt und Euch leiten wird. Dafür werdet Ihr Eurem Meister als Eurem Hausvater dienen, wie es die

Regel der Verwandtschaft bestimmt. Als Euer Meister bestimmt wurde N'Gor-Round."

Stille trat ein, nachdem der Name ausgesprochen worden war, und es entging Argalan nicht, dass einige der Männer aufhorchten, andere sogar stumme, verwunderte Blicke zu dem alten Mann warfen. Einer der Männer trat jetzt auf Argalan zu und nahm ihm das Tuch aus den Händen. Er öffnete es und besah sich die Wertgegenstände genau. Kurz musste er überlegen, dann sah er auf und Argalan nachdenklich an. Der besann sich endlich und nestelte auch das goldene Amulett hervor, das ihm seine Mutter noch zugesteckt hatte. Der Druide prüfte es, überlegte, nickte und zeigte den Inhalt, sodass alle es sehen konnten.

„Drei Ochsen und drei Kühe – der Ehrenpreis", rief er dabei und alle nickten. Im ersten Augenblick war Argalan überrascht, dann fiel ihm ein, dass seine Mutter auch aus einer durchaus wohlhabenden Familie kam. Und er war ein wenig gekränkt, bis er sich eingestand, dass es nur vernünftig war zu prüfen, was einer wirklich in die Gemeinschaft einbrachte. Erst jetzt wurde ihm klar, warum Garlond niemals seinen Vater als seine Abstammung und Familienverband nannte, sondern die Bruderschaft der Druiden. Sie waren ein Familienverband wie jeder andere, mit ihren Rechten und Pflichten. Nur eben ein Verband durch Willen und nicht durch Geburt.

„Gesagt wurde, was zu sagen war, nun geht Eurer Wege, Brüder, der Tag ist noch jung."

Mit dieser Formel hob Llaglard den Kreis auf und die Männer wandten sich ab, gingen ihrer Wege. Manche offensichtlich langsam und zögerlich, als wären sie gerne noch geblieben, um mehr zu erfahren. Ein jeder von ihnen trat aber zuerst zu Argalan. Wortlos berührte ihn der eine an der Schulter, der andere drückte seine Hand oder seinen Arm, einer strich ihm über das Haar. Dann waren nur Llaglard und der weißhaarige Druide geblieben. Und ein unscheinbarer Mann aus dem Kreis. Einen guten Kopf kleiner als Argalan und der Einzige ohne Vollbart. Nachdem alle anderen von der Lichtung verschwunden waren, trat der einen Schritt vor, wandte sich aber nicht an Argalan, sondern an den alten Mann.

„Meister Llaglard", begann er, „ich bin mir nicht sicher, ob es gut ist …"

Aber der alte Mann hob den Kopf und N'Gor-Round verstummte augenblicklich, wenn auch widerwillig.

„Es ist schon eine lange Zeit, dass Ihr keinen Diener habt, Meister N'Gor-Round. Und keinen Schüler. Es ist an der Zeit, dass Ihr Euch Eurer Verpflichtung gegenüber der Gemeinschaft erinnert. Und es ist wohl so, dass Ihr mehr

Zeit in dieser Welt verbringen solltet. Zudem war das Bild im Traum des Jungen wohl eindeutig."

Es war den Anwesenden nur zu deutlich, dass der schnauzbärtige Mann damit überhaupt nicht einverstanden war und zu einem ordentlichen Protest ansetzen wollte. Aber auf ihm ruhte ein Blick des alten Mannes, der hart genug gewesen wäre, um auch einen großen Fluss zu bändigen. N'Gor-Round atmete also nur seufzend aus, winkte dann Argalan, ihm zu folgen, und verließ die Lichtung. Der junge Mann war von dem Auftritt noch einigermaßen erschüttert, dann mühte er sich, schnell seinem neuen Meister zu folgen.

Der Mann, einiges kleiner und so alt wie Argalans Vater, stapfte mürrisch durch den lichten Wald, ohne sich um jungen Mann zu kümmern, der zwei Schritte hinter ihm ging. Er schien zu grübeln und von einer schweren Last bedrückt. Bereits nach kurzer Zeit traten sie wieder aus dem Wald und Argalan meinte seinen Augen nicht zu trauen. Das grüne Talbecken weitete sich ein wenig und war bedeckt von kleinen, aber sorgfältig gepflegten Äckern, eingerahmt von stabilen Zäunen gegen das Wild. Schweigend marschierten sie die Zäune entlang und einen sanften Hügel hinauf. Dort oben, inmitten von

Gemüsepflanzen, blieb der Mann mit einem Mal stehen und atmete tief durch. Dann wandte er sich um und besah sich den jungen Mann hinter sich lange und schweigend. Endlich grinste er schief und nickte.

„Na ja", meinte er dabei, „wahrscheinlich bin ich deswegen wütend, weil der alte Mann es geschafft hat, mich zu überraschen. Anscheinend bin ich doch nicht so gut, wie ich dachte."

Bei dem Gesicht, das Argalan jetzt machte, musste der Mann wirklich lachen.

„Ihr seid hier, um zu lernen, junger Freund. Das bedeutet auch, dass Ihr an Eurem ersten Tag noch nichts versteht. Aber Ihr werdet lernen."

Er wandte sich noch weiter um und wies in die Richtung, aus der sie gekommen waren.

„Hinter diesem Hügel liegt der Fluss. Ihr seht links von dem Einschnitt des Baches die Ratseiche aus dem Wald ragen. Dort habt Ihr die beiden Nixe getroffen. Den Jungen und seinen Hund", erklärte er, „die Euch kreuz und quer durch den Wald führten, damit wir Zeit für die Vorbereitungen hatten und Ihr den Weg zu uns so leicht nicht wiederfinden würdet. Rechts auf dem Kamm seht Ihr eine freie Fläche, in der eine Linde steht. Auch das ist ein Versammlungsplatz des Dorfes. Die jährlichen Riten sollten Euch ja bekannt sein. Dafür hat Garlond sicherlich gesorgt."

Etwas in der Stimme N'Gor-Rounds ließ den jungen Mann aufhorchen und zwang ihn zu der Frage: „Was ist mit meinem Meister Garlond? Wieso kennen ihn alle hier?"

„Die Antwort auf diese Frage ist Teil des Großen Geheimnisses. Dafür hast du noch viel Zeit. Aber ein wenig werde ich dir beantworten."

Er wandte sich wieder zum Gehen, diesmal aber gemächlicher und ein wenig nachdenklich.

„Der alte Mann mit dem weißen Haar ist Meister Dumar. Vor einer ganzen Anzahl von Jahren war er der Führer unserer Gemeinschaft. Jedes Jahr zum Fest des Beginns und der Gemeinschaft, zu Imbolic, wird der Führer der Gemeinschaft neu gewählt. So wie jedes Dorf seine wichtigsten Führer neu regelt, bestimmt oder bestätigt, so wird auch der höchste der Druiden, der Ollman, bestimmt. Dumar stellte sich einmal nicht mehr der Wahl, weil er meinte, er sei zu alt und wolle sich auf den Übergang vorbereiten. Und obwohl noch andere, ältere Meister da waren, wurde die neue Wahl für alle zu einer Überraschung. Dumar hatte zwei Schüler, beide weise und hoch angesehene Meister, selbst schon lehrend und vollendet im Wissen. Beide erhielten gleich viele

Stimmen."

Argalan wusste nicht, wovon er mehr gefesselt war. Von den mehrstufigen Befestigungen, die jetzt links von ihm aus den Boden wuchsen, einen Hang hinauf, oder von der Geschichte seines neuen Meisters.

„Wenn zwei Männer gewählt werden", fuhr der kleine Mann fort, „dann sind beide in ihrer Ehre gekränkt und es sprechen die Waffen. Eine Gemeinschaft von weisen Druiden ist da um nichts klüger als irgendwelche Krieger oder unfreien Bauern, und auch in der Zukunft wird sich daran nichts ändern. Diesmal aber war es anders. Die beiden Männer setzten sich auf dem Ratsplatz gegenüber, sahen sich an und schwiegen. Den ganzen Tag und die ganze Nacht. Am Morgen stand einer auf, packte seine Sachen, umarmte seinen Freund und verließ uns ohne ein weiteres Wort. Der, der blieb, wurde unser neuer Führer, Meister Llaglard."

„Und der, der ging, war mein Meister Garlond."

N'Gor-Round blieb stehen und besah sich seinen jungen Schüler mit einem wohlwollenden Grinsen.

„Es wird mir eine Freude sein", lachte er breit, „den Samen, den Meister Garlond zum Keimen brachte, zu pflegen. Und du kannst stolz darauf sein, dass solch ein Meister dein Lehrer war. Aber es ist für dich und für mich auch eine große Verantwortung!"

Argalan nickte und verstand nichts. Solange er sich erinnern konnte, war Garlond der Druide ihres Stammes gewesen. Nun, jedenfalls die letzten sieben Jahre, da Argalan sein Schüler war! Davor war er ja im Seenland gewesen. Aber viel Zeit, um über das Alter seines Meisters zu grübeln, ließ ihm sein Führer nicht, der wandte sich wieder nach vorne und machte eine weit ausholende Bewegung.

„Auf dem Hügel vor uns liegt das Dorf. Die Fläche des Hügels ist von mehreren Stufen umgeben, die jeweils verteidigt werden könnten. Wobei das Ganze wohl eher als Muster gedacht ist, du erkennst es auch an den unterschiedlichen Arten der Wälle. Denn der Sinn der Gemeinschaft ist die Lehre im versteckten Hain und nicht der Handel und Wandel der Welt. Zwar unterhalten wir dank unserer Förderer gute Kontakte zur Welt da draußen, aber meines Erachtens ist unser bester Schutz noch immer der Düstere Wald."

„Dann werden all die Geschichten von den Gefahren des Waldes nur erzählt, um die Menschen daran zu hindern, zu tief in das Geheimnis des Waldes einzudringen?"

Der Mann vor ihm lachte auf und winkte mit der Hand ab.

„Verlass dich nicht darauf, dass es nur Geschichten sind.

Jede Geschichte hat einen wahren Kern. Und außerdem …"
Er blieb stehen und sah zu Boden. Als müsse er erst überlegen, wie viel er dem jungen Mann bereits anvertrauen konnte. „Dieser Wald, dieses Land …", begann er und stockte wieder. „Es ist anders hier. Es ist älter. Darum sind wir hier. Darum gründete der Vollendete die Gemeinschaft gerade hier."

„Der Vollendete?" Argalan horchte auf, auch wenn sein Kopf sich von all den Eindrücken und Andeutungen allmählich zu drehen begann.

N'Gor-Round überlegte kurz, dann schüttelte er den Kopf.

„Genug davon jetzt", entschied er bestimmt, „das Praktische zuerst."

Während sie auf den unbewachten Eingang des ersten Palisadenwalles zuschritten, erzählte Argalans neuer Meister vom alltäglichen Leben. Wo die Wäsche gewaschen wurde, wo die Latrinen und die unterschiedlichen Handwerker waren, wo Brot gebacken wurde und all die anderen Dinge des täglichen Lebens. Argalan hörte zu und versuchte all das zu behalten. Dabei sah er die Hürden, in denen Ziegen und Schafe graste, er sah die Vorratshäuser, in denen Getreide und Feldfrüchte verwahrt wurden, und kleine Gärten rund um die verstreuten Häuser, er sah Essen, an denen mehrere

Schmiede gemeinsam arbeiteten. Er sah, dass die Häuser mit Holzschindeln gedeckt waren, und ihm wurde bewusst, dass hier im Wald natürlich mehr Holz als Schilf vorhanden war, anders als an den Teichen seiner Heimat. Und er sah Frauen und Kinder, alte Leute und Männer in Arbeitskleidung. Er sah das rege Leben in einem ansehnlichen Dorf. Er hörte ihre Stimmen, auch wenn niemand ihn direkt ansprach oder ihn anstarrte. Die neugierigen Blicke der Menschen waren aber nicht zu übersehen. Doch es waren mehr die Stimmen als die Blicke, die den jungen Mann überraschten. Wie zur Bestätigung schoben sich zwei struppige Köpfe an seinem Meister vorbei. Rechts ein Junge und links ein Hund.

„Meister N'Gor", krähte der Junge und dann folgte ein Schwall in diesem eigenartigen Dialekt, den Argalan nicht verstand. Sein Meister lachte wieder, er schien gerne zu lachen, und krürkkraulte Junge und Hund den Kopf, wobei er sich halb umwandte.

„Er meint, du wärst ein wenig kurzatmig, und er will dir das Laufen beibringen."

Der Junge zeigte seine strahlenden Zähne und ließ sie mit seinen hellblauen Augen um die Wette blitzen, der Hund rieb seinen Kopf an Argalans Knie. N'Gor-Round sagte ein paar Worte in der Sprache des Jungen, worauf sich dieser mit seinem Hund davontrollte. Nicht ganz zufrieden, wie Argalan schien.

„Der Junge heißt Nix und wir nennen auch den Hund so, denn seit er ihn hat, sah die beiden noch nie jemand getrennt", erklärte der Meister. „Und du wirst tatsächlich bei ihm lernen, wenngleich nicht gerade laufen. Aus vielen Teilen der Welt kommen die Menschen hierher. Seine Familie kommt von der anderen Seite des Nordmeeres. Fast jede Familie hier hat ihre Wurzeln in einem anderen Stamm oder einem anderen Volk. So hat jeder seine Sprache, neben ihren Fertigkeiten und ihrem Können. Und jede Familie ist verpflichtet, ihre eigene Sprache zu pflegen, und verpflichtet, ihre eigene Sprache auch zu lehren, denn wir sind einander verbunden. Nicht durch Geburt, aber durch unseren Willen. Wie jetzt auch du. Und durch die Sprachen sind die von uns, die in die Welt hinausziehen, dann auch bereit, mit den Menschen zu sprechen."

„Viele Stämme, das bedeutet auch viele Götter", wunderte sich der junge Mann. „Ist das für ein Dorf nicht – schwierig? Und – wie kommen all die Leute hierher?"

Sein Meister winkte ab.

„Ich sagte doch, das Praktische zuerst. Um zu lernen, hast du noch Zeit genug."

Sie erreichten die Ebene auf dem Hügel und Argalan blieb

erstaunt stehen. Das Dorf war sogar größer, als er angenommen hatte, es drängte sich aber auf einer Seite am Rand der offenen Fläche zusammen. Auch hier oben gab es Wiesen und einige Felder, dazwischen waren immer wieder Gebilde aus grauem Fels gestreut, als hätte das Kind eines Riesen ungelenk versucht, Türme zu bauen. Zumeist wuchsen ein paar zerzauste Bäume daran, und es drückte sich eine Behausung an den Fels, um Schutz zu finden vor dem Wind, der hier wohl kräftig am Werk war. Zumeist waren es einfache Hütten der unterschiedlichsten Bauarten, aber Argalan entdeckte auch ein rundes Gebilde, das ihm fremd war. Doch er hatte nicht viel Zeit, das Bild der verstreuten Siedlung auf sich wirken zu lassen. Zielstrebig marschierte der Mann vor ihm auf eine der Hütten zu und redete in einem fort. Vor der Hütte wartete bereits der Schüler Llaglards auf sie. Wortlos drückte er Argalan dessen Gepäck in die Hand und verschwand. Endlich betraten sie die Hütte und Argalan war im ersten Augenblick überrascht, wie geräumig und leer sie wirkte. Normalerweise waren die Behausungen von Druiden und Ovaten bis unter das Dach gefüllt mit den eigenartigsten Dingen. Zumeist natürlich Magisches, aber auch Nützliches war darunter zu finden. Oder Dinge, die vielleicht irgendwann einmal nützlich werden konnten. Oder magisch. Zumeist wirkten diese Hütten überladen wie seit Jahrzehnten nicht entrümpelte Warenlager. Zumeist waren sie auch genau das. Doch hier war einiges anders. In der Hütte wie im Dorf. Gegenüber dem Eingang, etwa in der Mitte der Hütte, befand sich eine große, gemauerte Feuerstelle, die in einen gezimmerten Kamin auslief. Dahinter war die Hütte abgetrennt und sowohl rechts als auch links von dem Kamin befand sich eine Tür. Rechts an der Wand lief eine kleine Treppe nach oben in das Zwischengeschoss unter dem Dach. Der Raum vom Eingang bis zum Kamin wirkte so groß, weil er keine Decke hatte, sondern bis unters Dach reichte. Von außen hatte Argalan bemerkt, dass auch dieses Dach mit Schindeln gedeckt war. Innen bemerkte er nun, dass man die Dachsparren kaum sah. Offensichtlich hatte man zwischen die Dachsparren etwas gestopft und sie mit Brettern vernagelt.

„Du kannst dort oben schlafen", vernahm er die Stimme seines Meisters, die ihn aus seiner Überraschung zurückholte. Er folgte dem kleinen Mann die Treppe hinauf und besah sich das Lager zwischen zwei der Streben, um festzustellen, dass es seinem Lager als Junge glich. Darüber war er gar nicht unglücklich, hätten ihn doch ganz andere Dinge erwarten können.

Inzwischen hatte sein Meister das Feuer geschürt und wieder zum Flackern gebracht.

„Das wird in Zukunft deine Arbeit sein", erklärte er dem jungen Mann, der sich langsam näherte, nachdem er seinen Umhang abgelegt hatte. „wie so vieles andere. In meiner Heimat gibt es hohe Berge und wenig Schilf. Weil es sehr kalt werden kann, decken wir unsere Häuser mit Schindeln aus Holz und geben Stroh darunter, um die Wärme zu halten. Aber oft und oft sind diese Häuser abgebrannt, weil jemand beim Schüren des Feuers nicht achtsam war. Auch wenn das Dach hoch oben ist, das Stroh ist trocken! Ich weiß auch, dass es nicht unüblich ist, dass Meister und Schüler das Lager teilen", fügte er noch leiser hinzu. „Ich für meinen Teil habe kein Verlangen danach."

Argalan entgegnete dazu nichts, weil er darüber nicht unglücklich war. Und viel zu erschlagen von den Eindrücken.

„Wir haben noch ein wenig Zeit", meinte sein Meister dann. „Du hast sicher viele Fragen. Setz dich und sage, was dir zuerst einfällt."

Vorsicht ließ sich Argalan auf einem Schemel nieder und sah in die tanzenden Flammen.

„N'Gor-Round" begann er, „das bedeutet ‚Freund des Feuers'. Nix nannte Euch nur ‚Meister N'Gor' – wie soll ich Euch nennen?"

„Ich komme aus dem hohen Bergland, etwa vier Tagesreisen südlich deiner Heimat. Vor einigen Zyklen stellte ich mich meiner großen Prüfung und ich wählte das Round-a-N'Dor. Da ich es überlebt habe, nennen mich die Menschen seither ‚Freund des Feuers'. Also kannst auch du mich so nennen – ‚Freund', oder meinetwegen Meister N'Gor. Auch wenn ich bei Weitem nicht der Meister bin, der ich sein möchte. Oder der Freund von allen denen, die mich so nennen."

Das Lachen klang diesmal trockener und das kalte Blitzen in seinen klaren Augen zeigte Argalan eine andere Seite dieses Mannes.

„In dieser Nacht", setzte er daher vorsichtig wieder an, „da hatte ich Gesichter. Aber niemand hat mich genauer danach gefragt. Ich dachte, sie wären wichtig. Unter anderem sah ich einen Mann umgeben von Feuer, doch er verbrannte nicht. Manche stellten sich dem ‚Haus aus Feuer'. Sie alle gingen durch das Feuer in die andere Welt. Ich habe noch niemals gehört, dass jemand das Round-a-N'Dor überlebt hat. Nun, vielleicht in den Sagen über die Alten", meinte Argalan zögernd.

„Es war auch nicht meine Absicht", entgegnete der kleine Mann ruhig, „aber der Vollendete hat mich vor den

Flammen beschützt und mir einen anderen Weg gewiesen. Einen gangbaren Weg in die Anderwelt, sodass Meister Llaglard nun meint, ich solle besser mehr Zeit in dieser Welt verbringen."

„Der Vollendete – ist er – ein Coilan?"
Die Worte waren ihm unbedacht herausgerutscht und leise. Ihre Wirkung war ungleich imposanter. Es war offensichtlich, dass der kleine, aber kräftige Mann sich nur mit Mühe zurückhalten konnte. Seine Backen spannten sich, Gelenke knackten und seine Schultern strafften sich, als er sich selbst daran hinderte aufzuspringen. Endlich meinte er gepresst: „Garlond hat Eure Ausbildung abgeschlossen, so seid Ihr eigentlich ein Meister unter den Menschen. Vielleicht seid Ihr auch tatsächlich schon ein wahrer Meister in manchen Dingen, ohne es selbst zu wissen. Aber Ihr sprecht manches zu unbedacht aus, ohne den Sinn Eurer Worte einschätzen zu können."
Er stand nun doch auf und stellte sich näher ans Feuer, als wäre ihm kalt geworden. Sah lange hinein und die Schatten des Feuers tanzten auf den harten Furchen seines Gesichtes.
„Wir werden darüber und über deine Gesichter reden, wenn es an der Zeit ist. Jetzt ist es Zeit für etwas Arbeit. Beim Eingang findest du zwei Eimer. Fülle die beiden und sieh zu, dass du klares Wasser erwischst."

In einer Art von Nebel aus Gedanken fand Argalan zu der zuvor beschriebenen nächsten Zisterne, füllte die Eimer und schwankte wieder nach Hause. Dort hatte sein Meister bereits ein großes goldenes Becken in den Raum gerückt und ein poliertes Schild über dem Feuer befestigt, sodass es das Licht das Becken erhellte. Während sein Meister drei Schemel um das Becken mit den fein ziselierten Figuren stellte, goss Argalan das Wasser in das Becken. N'Gor betrachtete den Wasserstand und nickte zufrieden, dann trug er dem jungen Mann auf, das Feuer noch heller brennen zu lassen, und suchte selbst einige Tiegel zusammen. Endlich betrachtete er das Ganze mit einem abschließenden Blick und meinte dann: „Ich glaube, wir sind so weit. Du kannst sie jetzt herein lassen."

Verblüfft öffnete Argalan den Eingang und bemerkte zwei Frauen, die vor der Hütte warteten. Beide waren nur wenig älter als er selbst und ähnlich gekleidet wie die Frauen, die er auf der Lichtung mit den Birken gesehen hatte. Doch trug die eine einen Umhang, der über und über mit Federn besteckt war, während am Umhang der anderen Steine baumelten.

Argalan ließ die beiden ein und sie verbeugten sich artig vor seinem Meister, nicht ohne den jungen Mann verstohlen zu mustern. N'Gor-Round öffnete die Arme und lächelte wieder einmal.

„Guten Morgen, meine Schwestern Wicca. Wovon wir gestern gesprochen haben, das habe ich heute für euch vorbereitet. Lasst uns beginnen."

Er wies jeder einen Schemel zu, setzte sich selbst auf den dritten und goss aus einem Tiegel ein paar Tropfen einer zähen, schwarzen Flüssigkeit in das Becken. Schnell bildete sich eine Schicht auf dem Wasser, die im Schein des Feuers in allen Farben funkelte und schimmerte.

„Ich brauche dich jetzt nicht, Argalan", meinte sein Meister. „Sieh dir inzwischen das Dorf an und mache dich mit den Dingen hier vertraut. Und schab dir dein Gesicht, für einen Bart der Weisen bist du noch zu jung."

Die beiden Frauen kicherten verstohlen und Argalan fühlt, wie ihm das Blut in den Kopf stieg, also wandte er sich ab und ließ seinen Meister bei seinem Unterricht allein.

Obwohl ihn viele Fragen bestürmten und obwohl es im Dorf sicherlich viel zu entdecken gab, suchte Argalan doch den Waldrand auf und wanderte ein wenig herum, bis er eine Anhäufung grauer, moosbewachsener Steine fand. Zu lange war er allein unterwegs gewesen, um die Anwesenheit von so vielen Menschen um sich ertragen zu können. Auch wusste er, dass er noch viel Zeit haben würde, um sich das Dorf und dessen Bewohner anzusehen. Wichtiger schien ihm jetzt, dass er mit sich selbst und mit seinen Gefühlen ins Reine kam.

Er hatte sein Ziel erreicht! Den Heiligen Hain! Er hatte gefunden, was viele nur noch für eine Legende hielten. Und er war aufgenommen worden als Schüler. Und doch. Und doch! Das Gefühl der Erleichterung, das Gefühl der Zufriedenheit wollte sich nicht einstellen. Noch immer geisterte Moohs Bild in ihren Schmerzen durch seinen Kopf, sein neuer Meister schien keineswegs so freundlich zu sein, auch wenn er beständig lächelte. Trotzdem, man konnte ihm vertrauen, das zumindest fühlte Argalan. Ach, alles war so anders, so ganz anders, als er es sich vorgestellt hatte.

„Alles ist so ganz anders, als Ihr es Euch vorgestellt habt."

„Meister Dumar!"

Argalan sprang auf und starrte die weiße Gestalt an wie ein Fabelwesen, das vor seinen Füßen der Anderwelt entsprungen war.

„Es ist schon ein wenig verwunderlich", brummelte der alte Mann, während er mühsam näher kam, „dies ist genau der Platz, an den mein Schüler Garlond immer kam, wenn er nachdenken wollte."

Umständlich setzte er sich auf einen moosbewachsenen

Stein, lehnte seinen Stab gegen die Schulter und blinzelte aus trüben Augen zu dem jungen Mann hinauf.

„Nun", meinte er dann, „gar so verwunderlich ist es wohl doch nicht."

Argalan war so verblüfft über den alten Mann, dass er nur schaffte, blöd vor sich hinzustarren. Da konnte selbst Dumar nicht anders als zu lachen und bedeutete dem jungen Mann, sich wieder zu setzen. Also sank Argalan gehorsam auf den Stein zurück, ohne es wirklich zu bemerken.

„Erzählt mir ein wenig von meinem alten Schüler Garlond", bat der alte Mann versonnen. „Ich gehe davon aus, dass er sich oft ärgerte, weil Ihr Eure Lektionen nicht gelernt hattet oder nicht behalten wolltet."

„Es kam vor", war Argalans vorsichtige Antwort und der alte Mann klatschte in die Hände wie ein kleines Kind.

„Gut! Gut!", rief er. „Garlond selbst gab mir dazu oft genug Anlass und prüfte meine Geduld. Also hat er einen Schüler gefunden, der ihm die gleiche Medizin reichte. Gut. Ausgezeichnet!"

Wieder klatschte er in die Hände und sah dann verschmitzt zu dem jungen Mann auf, der ihn auch im Sitzen um Kopfeslänge überragte.

„Vieles ist anders hier, als Ihr es Euch vorgestellt habt",

stichelte er, „und Ihr werdet noch viele Eurer Vorstellungen verlieren. Denn dies hier ist der Innerste Kreis des Geheimnisses, und wer das Geheimnis kennt, der erkennt, dass vieles ganz anders ist, als die Menschen es sich vorstellen. Viel einfacher, zumeist. Manchmal auch ein undurchdringliches Geheimnis, das mit jeder Erklärung nur neue Fragen bringt. Euer neuer Meister ist ein verstockter Kerl, er verbringt zu viel Zeit in der anderen Welt und trifft dort auf Wesenheiten, die ihm Dinge erzählen, die nicht für diese Welt, die nicht für diese Zeit geeignet sind. Immer lächelt er, aber bei Weitem ist er nicht immer freundlich. Er hat Gesichter und sieht und erfährt dadurch Dinge, die ein Mensch nicht wissen sollte. Ihm zeigte der Vollendete diesen Weg. Doch ich bin mir nicht sicher, ob er ihn für seinen Mut belohnen oder ob er ihn für seine Eitelkeit bestrafen wollte."

Wieder glitt die verfängliche Frage auf Argalans Lippen, doch dieses Mal hielt er sie zurück. Schließlich plapperte der alte Mann auch in einem fort, ohne die Gelegenheit für eine Frage offen zu lassen.

„Bei ihm werdet Ihr lernen, den Weg in die Anderwelt zu finden, Gesichter zu verstehen und vielleicht auch zu reisen, wie er es tut. Auch ist es Aufgabe Eures Meisters, Eure Ausbildung zu lenken und Euch zu anderen Meistern zu schicken, damit Ihr dort von denen lernt, die wahre Meister ihres Wissens sind. Nicht einer allein weiß alles, was es zu wissen gibt. Jeder der Meister hier hat sich auf ein Wissen beschränkt, dafür beherrscht er dieses Wissen wie kein anderer. Auf der anderen Seite des Tales findet ihr die Hütten der Meisterinnen der Wicca mit ihren Schülerinnen. Am Anfang, so heißt es, da lebten noch alle zusammen in dem Dorf hier, aber es hat sich als besser so erwiesen. Wir leben nach dem Lauf der Sonne und dem Kreislauf der Bäume, sie leben nach dem Lauf des Mondes und mit den Kräutern. Wir leben für die Gemeinschaft, sie für den Einzelnen. Bildet Euch nicht ein, dass eines davon besser wäre. Es steht uns nicht zu, darüber zu richten, ob der Tag oder die Nacht besser ist, die Esche oder die Linde, das Wasser oder der Fels. Alles, was ist, das ist nicht ohne Grund."

„Es HEISST, sie haben hier gelebt? Habt nicht Ihr diese Gemeinschaft gegründet, Meister Dumar?"

„Oh nein, bei Weitem nicht!", winkte der alte Mann ab. „Ich war etwa in Eurem Alter, als ich hierherkam. Und da gab es schon einen alten Meister. Der aber war vom Vollendeten selbst eingesetzt worden. Sagte man mir."

Argalan öffnete den Mund, aber wieder schaffte er es, seine bestürmenden Fragen zurückzuhalten. Was ihm offensichtlich nicht ganz leichtfiel. Und was der alte Mann bemerkte, denn der beobachtete ihn trotz aller Leutseligkeit scharf.

„Ausgezeichnet", meinte er nach einer kurzen Pause. „Eure Fragen werden beantwortet werden, auch ohne dass Ihr sie stellt. Ihr müsst Euch immer vor Augen halten, dass Menschen gerne reden und dass sie nichts schwerer ertragen können als die Stille. Schweigt mit einem Menschen, und er wird Euch alles erzählen, was er weiß und was Ihr wissen wollt. Zuzuhören ist eine Kunst und der, der diese Kunst beherrscht, kann mehr über die Menschen erfahren als ein noch so eifriger Schüler. Hier in der Gemeinschaft werden all Eure Fragen beantwortet, denn Ihr seid aufgenommen worden, um belehrt zu werden. Unter den Völkern draußen aber beherzigt meinen Rat. Darum ist es auch so wichtig, dass Ihr die unterschiedlichen Sprachen erlernt. Denn auch Ihr, mein junger Freund, werdet den Willen des Vollendeten erkennen und ihm folgen. Ich bin mir dessen sicher."

Argalan saß wie fest gebannt auf seinem Stein und lauschte. So gebannt, dass der alte Mann wieder lachen musste.

„Ich sehe, Ihr seid bereit. Also lasst mich Euch die Geschichte des Vollendeten und seiner Gemeinschaft erzählen. Die Lehren der Vergangenheit, das ist die Aufgabe der Barden. Der Blick in das, was kommen wird, so wie das Anstreben der Heilung, gehört den Ovaten und Wiccas. Wir, die Druiden, erleben die Weisheit und formen die Gemeinschaft im Jetzt. So sprechen wir unter den Menschen zumeist nicht vom Anbeginn der Zeiten. Wenn wir aber unter den Völkern vom Beginn sprechen und vom ersten Druiden erzählen, dann berichten wir, dass er aus einem Felsen geboren wurde und sein Vater ein riesiger Drud war, dessen mächtige Wurzel den Fels gespalten hat. Die älteste und der Herrscher unter allen Eichen. Darum nennt man die Männer, die ihm nachfolgen die Druiden. So hat Euch sicherlich auch Garlond gelehrt. Die Wahrheit aber ist, dass er ein Mensch war, ein Mensch wie Ihr und ich. Zumindest zu Anfang. Viel wissen wir nicht. Er wird wohl der Sohn eines kleinen Führers gewesen sein, denn damals lebten unsere Völker noch sehr verstreut und allein. Sie kannten gerade mal ihre Nachbarn, und einen reisenden Händler sahen sie vielleicht einmal im Leben. Was sie nicht daran hinderte, ständig in irgendeiner Fehde zu leben. Recht zu sprechen und Recht zu brechen. Er dürfte viel Zeit gehabt haben, um nachzudenken. Die Legende sagt, dass er sehr traurig war, dass sich die Völker untereinander bekämpften und dass die Menschen innerhalb der Völker sich bekämpften. Um den Ehrenplatz, um das erste Stück von der Tafel, um das Recht, das Wort zu erheben – so wenig genügt, um die Waffen sprechen zu lassen. Und dass Führer kamen und gingen, die diese Bezeichnung nicht wert waren. Auch damals gab es schon Barden, deren Aufgabe es war, die Geschichten zu erzählen und die Lehren der Vergangenen zu erhalten. Und es gab Ovaten oder Wiccas, die heilten, beschworen, rieten und weissagten. Angeblich war es hier an diesem Fluss, wo der Mann sein erstes Gesicht hatte. Er erkannte das Sein und Wesen der Welt. Er erkannte den Pfad all der Dinge und Wesenheiten. Er wurde eins mit all den Dingen und Lebewesen, die da waren, die da sind und die da kommen werden. Er erlangte die vollkommene Weisheit. Darum nennen wir ihn den Vollkommenen. Und er erkannte auch, dass alle heiligen Dinge drei sind. Es gab zu jener Zeit aber nur zwei Gruppen von Menschen, die sich mit den heiligen Dingen befassten. Er erkannte, dass Männer fehlten, die den Menschen leiten, insbesondere die Führer der Menschen, und so auf die Einhaltung der Gesetze achteten. Männer, die ihr Leben der Weisheit gewidmet haben und so über dem Streit stehen und richten konnten. Obwohl sie selbst nicht über dem Gesetz stehen durften, wie so manche Führer es gerne taten. Nachdem er all diese Erkenntnisse erlangt hatte, verließ er den Wald, ging an den großen Fluss und lebte bei einem Volk, das er lehrte und leitete, so wie er es erkannt hatte. Eine große Gemeinschaft wurde dieses Volk, es lebte friedlich und seine Waren wurden bekannt und berühmt bis an die Küsten aller vier Meere und darüber hinaus. Der erste Druide aber tat mehr als das. Er suchte sich Männer aus den Ständen der Barden und Ovaten und unterrichtete sie in seiner Lehre. Er schickte sie zu den Stämmen reihum, damit durch sie auch dort seine Lehre Wurzeln schlage und gedeihe. ‚Friedliches Miteinander', das ist eines der Wörter, die nur ganz wenige kennen. Nach seinem Willen hätte eine Welle des Friedens und des Wohlstandes, ausgehend von dem Hügel an dem großen Fluss, über das Land rollen sollen und alles Leid besiegen, alle Tränen trocknen."

Er machte eine Pause und sah den großen Mann vor sich nachdenklich an.

„Nun, junger Freund Argalan, was, glaubt Ihr, ist geschehen?"

Argalan hatte schon die ganze Zeit zu Boden gesehen und er sah auch jetzt nicht auf.

„Ich sehe den Traum des ersten Druid vor mir", meinte er leise. „Ich sehe aber auch unser Volk. Das es liebt, zu prahlen und sich zu messen. Wo keiner hinter dem anderen zurückstehen kann. Wo jeder als stärker und mutiger gelten muss als sein Bruder. Wo eine kleine Missachtung schon Grund genug für einen großen Kampf ist. Wo es nicht reicht, wenn genauso viele Verstorbene mein Haus bewachen wie das des Nachbarn. Zumindest ein Kopf mehr muss an die Tür. Ich sehe den Traum des Vollendeten, aber ich sehe nicht, wie er meinen konnte, dass unser Volk so leben könnte."

So langsam, wie er gesprochen hatte, so langsam hob Argalan den Kopf und sah in die trüben Augen des alten Mannes. Machte eine kurze Pause. „Der Vollendete wird erkannt haben, dass sein Traum nicht in Erfüllung gehen konnte", fuhr er dann fort. „Führer sind stolze Männer und nur schwer zu lenken. Und die Männer, die er ausgeschickt hatte, die werden wohl auch leicht zu verführen gewesen sein. Oder auch einfach nur Männer von unserem Volk. Mit ihren Stärken, mit ihren Schwächen. Darum wandte sich der Vollendete wohl ab von den Menschen und ging zurück in den Wald."

Anerkennend nickte der alte Mann und strich sich eine Strähne des weißen Haares aus dem Gesicht.

„Ihr seid so klug, wie ihr groß seid, junger Argalan", meinte das weiße Gespenst zufrieden schimmernd in den Strahlen der Sonne, die durch die dichten Äste fielen. „Ein klarer Blick. Garlond tat gut daran, Euch auszubilden, und Llaglard tat gut daran, Euch aufzunehmen. Der Vollendete ging zurück in den Wald, da habt Ihr recht. Aber er wandte sich nicht ab von den Menschen. Mit der Hilfe seines Fürsten und der Druiden, die ihm treu ergeben waren, gründete er diese Gemeinschaft. Das Dorf selbst wird hier wohl schon gestanden haben. Von diesem Tag an nannte er sich Århadha – År Hadha, der Anleitende. Und sein Ruf bracht die weisesten Männer dazu hierherzukommen, um ihm zu lauschen. Und hierzubleiben, um zu lehren. Damit kein Unbefugter ihnen folgen sollte, erzählten die, die uns wieder verließen, schreckliche Geschichten über den Dunklen Wald, und über die Jahre hinweg wuchs und gedieh die Gemeinschaft im Schutz des machtvollen Waldes. Junge Meister wie Ihr kommen hierher, um die Weisheit zu erfahren. Die meisten verlassen uns wieder, um zu den Völkern hinauszuziehen und sie zu lehren und zu leiten. Soweit es möglich ist. Manche bleiben hier und vervollkommnen ihr Wissen und um selbst zu lehren. So wie Euer Meister N'Gor-Round. Aber es ist ein Unterschied, ob man nur lehrt oder ob man auch die Verantwortung für die Ausbildung eines Schülers trägt. Euer Meister hat sich lange Zeit dagegen gewehrt, diese Verantwortung auf seine Schultern zu laden, denn die

Verantwortung für andere erschwert unsere eigene Entwicklung. Andererseits ist sie aber auch die Möglichkeit für eine weitere Entwicklung. Lehrer zu sein allein, ohne Verantwortung zu übernehmen, das ist nicht unser Weg. Und nun, junger Argalan, stellt mir endlich die Frage, die ich Euch im Herzen und auf Eurer Zunge brennen sehe."

Der junge Mann kaute auf seiner Lippe herum und meinte dann vorsichtig: „Die Coilan, was könnt Ihr mir über sie erzählen."

Scharf betrachtete der weißhaarige Mann den Jungen, horchte den Worten hinterher und grinste dann schief.

„Das war nicht die Frage, die Ihr stellen wolltet. Aber angesichts des Themas verstehe ich, dass Ihr vorsichtig geworden seid."

Er rückte sich auf dem Stein zurecht, legte den Stab neben sich und sah sich um. Es wirkte wirklich kurz so, als wollte er ungebetene Lauscher entdecken. Dann räusperte er sich und fusselte ein Haar aus seinem Mund.

„Die Bewohner des Waldes", begann er grübelnd, „die Coilan, wie sie genannt werden und sich selbst nennen, das ist eine Gruppe von Wesen, über die niemand gerne spricht. Sie selbst nicht, denn sie sind sehr verschlossen. Die Menschen nicht, weil sie nichts über sie wissen und darum fürchten und darum wieder mit Verachtung verfolgen. Und

Eurem Meister gegenüber würde ich sie an Eurer Stelle schon gar nicht erwähnen. Geschichten und Gerüchte gibt es viele. Manche halten sie für Dämonen aus der Unterwelt, andere einfach für Menschen eines anderen Volkes. Eines Volkes, das schon hier lebte, bevor die Völker der Celtoi kamen. Manch einer erzählt Geschichten über die große Magie, zu der die Coilan angeblich fähig sind, andere von ihrem Hochmut und von ihrer Eitelkeit, wieder andere aber von ihrer Opferbereitschaft. Manche von ihnen erkennen wir nie, andere erst nachdem wir lange mit ihnen gelebt haben. Ich habe noch von keinem gehört, der den Wald wirklich verlassen hätte, sie leben darin und an den Rändern. Und sie haben eine ganz eigene Beziehung zu diesem Wald, eine, die unsere Wahrnehmung bei Weitem übersteigt. Ich selbst habe auch noch keinen getroffen, der eitel und stolz gewesen wäre. Eher wirken sie auf den ersten Blick demütig und uns zu Diensten, als wäre eine große Schuld zu begleichen. Doch sie tun es zumeist auf eine Art und Weise, die uns fühlen lässt, dass sie in uns so etwas wie kleine Kinder sehen, denen man ihren Willen lassen muss, und so weiß niemand Genaues über die Coilan. Das geht so weit, dass ich oft schon bezweifelt habe, ob es sie denn tatsächlich gibt, aber dann sehe ich unseren Grünen Mann und weiß, er ist einer von ihnen.

Von ihm weiß ich, dass es ihm möglich ist, mit den Tieren und Pflanzen zu sprechen. Nicht so wie ein Druide es tut, wenn er in einer stillen Schauung versucht, etwa die Wesenheit eines Baumes zu ergründen. Ich ahne nicht einmal, wie er mit ihnen spricht, oder mit den Felsen und dem Wasser, aber ich weiß, dass es auf eine sehr viel direktere Art geschieht, als wir uns das vorstellen können. Als bestünde eine Verbindung zwischen ihnen, die wir verloren haben. Die Coilan sind keine Gefahr für uns, ganz im Gegenteil stehen sie uns zu Diensten, und vielleicht hassen die Menschen sie deswegen so sehr."

Schwerfällig griff der alte Mann nach seinem Stab und erhob sich ächzend. Sofort war Argalan auf den Beinen und stützte ihn.

„Alt bin ich geworden", stöhnte das weißhaarige Männlein. „Alt und hinfällig. Dieses Jahr wird mein letztes sein. Es ist wirklich hohe Zeit für mich, in die andere Welt zu gehen. Helft mir ins Dorf zurück, junger Druid, das Erzählen strengt mich doch mehr an, als ich dachte. Darum werdet Ihr mir jetzt helfen, zu meiner Hütte zurückzukommen, und dort werdet Ihr mir von meinem alten Schüler Garlond alles erzählen, was es zu erzählen gibt."

Schwer stapfte der alte Mann über den weichen Boden, als müsse er sich durch tiefen Schnee vorwärtsmühen. Argalan stützte ihn nach Kräften und war doch mit seinen Gedanken ganz woanders.

„Meister", fragte er endlich, „Århadha, der Vollendete ... war er ein ... ein Coilan?"

Der alte Meister blieb ruckartig stehen und betrachtete den jungen Mann eindringlich von Kopf bis Fuß. Dann sah er sich um und rückte näher, als wäre aus jedem Baum plötzlich ein heimlicher Lauscher geworden.

„Der über alles verehrte Vollendete ein verhasster, dreckiger Coilan? Schon für diese Frage würden manche hier Euch auf der Stelle töten", flüsterte er und sah sich noch einmal um. Dann grinste er breit und zahnlos. „Ich habe auch schon daran gedacht. Vieles in ihren Ansichten ähnelt einander. Möglich ist es schon, dass er einiges von ihnen lernte. Aber nein, es ist nicht möglich, dass er einer von ihnen war!", schüttelte er den Kopf. „Wir wissen, dass der Vollendete hier lebte und von hier auch in die andere Welt ging. Hier wurde ein tiefer Schacht in die untere Welt gegraben und mit Gaben für ihn gefüllt, damit er in der anderen Welt keinen Mangel leidet. Er selbst kann kein Coilan gewesen sein."

„Und warum nicht?"

„Århadha ging in die andere Welt", erklärte der Alte nochmals eindringlich. Dann rückte er noch näher und flüsterte noch leiser: „Doch die Coilan – sie können nicht sterben!"

Nach einem Jahr

Der goldene Kessel vibrierte und ächzte wohl auch ein wenig, so sehr scheuerte Argalan daran herum. Dabei musste er froh sein, dass sein Meister das schwarz glänzende Öl aus dem Osten nicht oft einsetzte. Für seine eigene Arbeit benötigte der Meister gar keine Hilfsmittel. Oft genug hatte er ihn dabei beobachtet, wie er an dem nur mit Wasser gefüllten Kessel saß und in die Anderwelt reiste. Manchmal genügte auch schon ein kleines Feuer oder ein plätschernder Bach. Was N'Gor-Round in dieser anderen Welt sah oder erlebte, darüber sprachen sie nie. Aber auch Argalan hatte gelernt, in dieser anderen Welt zu kommen und zu gehen, wie es ihm gefiel. Er wusste, wie man an die Wesenheiten herantreten konnte, die einem mit einem Rat halfen, und er wusste, welchen Wesenheiten er besser aus dem Weg zu gehen hatte. Auch den alten Meister Dumar meinte er dort getroffen zu haben, doch über die Coilan hatten sie nie mehr gesprochen. Meister Dumar hatte sie mit dem ersten Schnee verlassen, so leise und leicht, wie die Flocken gefallen waren. Und der Schnee kam in diesem Land früher, als Argalan es jemals erlebt hatte.

Er hatte gelernt, andere in die Anderwelt zu führen und wie

man dazu die duftenden Öle und Harze auf dem Wasser einsetzen konnte. Je nachdem, welche Art der Reise und welche Bilder man wünschte. Manchmal war eben das zähflüssige, stinkende Öl aus dem Osten notwendig. Sein Meister nannte es ‚Berrel' und grinste dabei, als hätte er einen furchtbar guten Witz gemacht, den aber nur er kannte. Doch es setzte sich fest in den Ritzen und Rillen des Kessels und war kaum mehr zu entfernen. Argalan musste dann keineswegs hellsichtig sein, um zu erkennen, dass er den nächsten Tag damit verbringen würde, den Kessel zu reinigen. Und oft reichte ein Tag nicht, denn der Meister war heikel, was sein Werkzeug betraf. Ansonsten wurde Argalan der Dienst leicht. Eigentlich war er der Diener N'Gor-Rounds, eine Tatsache, für die sein Vater wohl kein Verständnis aufbringen würde. Doch auch wenn er all die Arbeiten eines Dieners erledigte, so behandelte ihn sein Meister wie einen Schüler. So war es gekommen, dass sich Argalan bei Arbeiten ertappte, die er geglaubt hatte, niemals für einen anderen tun zu können. Auch nach Wochen hatte N'Gor-Round keine Anstalten gemacht, ihre Vertrautheit mit in ein gemeinsames Lager zu nehmen, wie das oft genug vorkam. Nicht dass Argalan irgendwelchen Mangel gelitten hätte. Selbst wenn dem so gewesen wäre, im Dorf gab es einige ungebundene Mädchen, die immer wieder Wichtiges zu erledigen hatten, das sie direkt unter seiner Nase vorbeiführte. Auch die Wiccas und deren Schülerinnen waren nicht allzu weit entfernt. Und ein paar mussten doch immer wieder unachtsam gerade dort baden, wo er sein Wasser holte. Es war nicht so, dass ihm eine der Frauen nachgestellt hätte, es war ein Spiel und es lief wie überall in den Dörfern. Mehr oder weniger zufällige Begegnungen konnten zu mehr oder weniger Interesse führen. Solange man nicht gebunden war, nahm man das alles nicht zu ernst. Doch was sich auch immer vor seiner Nase abspielte, Argalan entwickelte kein Interesse. Er dachte an Mooh. Er war ihr nicht verpflichtet und er war ihr keine Rechenschaft schuldig. Trotzdem war sie immer in seinen Gedanken, und so konnte keine der Frauen sein Interesse wecken.

Argalan lockerte die verspannten Schultermuskeln und entdeckte dabei die Gestalt neben dem Eingang. Sein Meister stand dort mit verschränkten Armen und sah ihm zu. Wohl schon eine ganze Weile.

„Sollte ich jemals einen eigenen Kessel haben und eigenes Berrel, dann werde ich es erst einsetzen, wenn ich auch einen eigenen Diener habe", brummelte er mehr zu sich, aber laut genug, damit N'Gor-Round es verstand. Der grinste und bewegte sich nicht. Er entgegnete nur: „Aber du entwickelst gute Übung darin. Irgendwann wird der Kessel so blank gescheuert sein, dass man glauben wird, er war ein Trinkgefäß für einen ganzen Stamm. Wann bist du fertig?" Argalan überraschte der Wechsel im Tonfall am Ende ein wenig, aber er ließ sich nichts anmerken. So wie sein Meister es ihn gelehrt hatte.

„Eigentlich bin ich fertig", entgegnete er ruhig. „Aber wie immer noch nicht ganz zufrieden."

Obwohl er die Spitze verstand, grinste sein Meister diesmal nicht. Er löste sich von dem Eingang und kam näher.

„Dann lass den Kessel jetzt, kleide dich für eine Zeremonie und komm mit", befahl er. Und als der große Mann aufblickte, fügte er noch hinzu: „Als du ankamst, hattest du ein Schwert bei dir. Ich habe dir gesagt, dass du es verstauen sollst, und es werde die Zeit kommen, wo es gebraucht wird. Hole es jetzt und, wenn nötig, reinige es ordentlich, aber beeile dich. Llaglard erwartet uns."

Argalan musste nicht suchen. Auch wenn er zu einem Druiden erzogen wurde, seit er ein Knabe war, so war er doch immer noch ein Mann seines Volkes. Darum lag das Schwert griffbereit und glänzend unter seinen Decken. Eine Waffe war das Zeichen der Ehre ihres Besitzers, und wer seine Waffe nicht pflegte, der hatte auch keine Ehre im Stamm. Mit einem hastigen Griff zog er es hervor und wollte es sich an den Gürtel hängen, doch sein Meister schüttelte den Kopf und reichte ihm nur ein feines schwarzes Tuch, damit er es darin einschlage. Schweigend gingen sie an den anderen Hütten vorbei zu Llaglard. Argalan stellte keine Fragen. Neben vielen anderen Kleinigkeiten hatte er gelernt, dass er hier war, um den Grund all der Dinge zu erfahren. Sein Meister oder Llaglard würden ihm erklären, was es mit dem Schwert auf sich hatte. Oder er würde es auch so verstehen, weil es nichts gab, was man missverstehen konnte.

In den Hütten, an denen sie vorüberkamen, herrschte reges Treiben. Die alten Meister kleideten sich in ihre feierlichen Gewänder und auch N'Gor-Round trug seinen roten Umhang, den er gewöhnlich nur an hohen Festtagen anlegte. Rasch überlegte Argalan. Alban Eiler hatten sie schon gefeiert. Und bis zum Fest der Fruchtbarkeitsgöttin Ostara mit ihren Symbolen Hase und Ei war es noch der vierte Teil eines Mondes. Nein, er hatte nichts vergessen. Keines der regelmäßigen Feste stand an.

Auch die Dorfbewohner hatten sich zusammengefunden, trugen ihre guten Kleider und harrten der Dinge. Wieder einmal musste Argalan über das bunte Gemisch staunen. So wie sie von verschiedenen Stämmen kamen, so trugen sie unterschiedliche Trachten. Er entdeckte ein paar der hohen

Kopfbedeckungen mit Rand aus gewalkter Wolle, er entdeckte spitze Metallhauben, viele trugen ihr Haar offen, manche gekalkt und nach oben gestellt. Einen wüsten Eindruck bot dieser Haufen, der da friedlich schwatzte. Jeder hatte sich geschmückt mit dem, was er hatte. Halsreifen blinkten mit Stirnreifen um die Wette. Schwerter glänzten wie Äxte und Lanzen. Er bemerkte noch, dass kaum jemand einen Schild trug, da fesselte seine Aufmerksamkeit schon etwas anderes. Neben Llaglards Behausung stand der Oberste des Dorfes mit seinem Schildträger und dort stand auch der Grüne Mann. Vor ihm waren drei Männer angetreten. Jeder hielt ein Schwert auf einem schwarzen Tuch und der riesige Mann betrachtete sie. Argalan stellte sich daneben, Llaglard trat zu ihm und schlug das Tuch zurück.

„Das ist das Schwert, das uns Garlond schickt", erklärte er und der Grüne Mann kam auf sie zu. Auf zwei Schritt Entfernung wirkte er gar nicht mehr so riesig. Immerhin, zumindest einen halben Kopf größer war er als der schon groß gewachsene Argalan und wesentlich massiger gebaut. Aber Argalan hatte für diese Betrachtungen keine Zeit. Der Grüne Mann war zu ihm getreten, doch er beachtete das Schwert nicht. Er sah Argalan ins Gesicht. Er sah ihn an mit einem Blick, der aus weiter Ferne zu kommen schien und zuerst einmal uninteressiert wirkte, und doch fühlte sich Argalan durchdrungen und erforscht bis in den tiefsten Grund seines Wesens. Nach einer lange Pause stellte der Grüne Mann langsam fest: „Ihr seid Argalan."

Niemand antwortete und noch immer ruhten seine Augen auf dem Mann statt auf dem Schwert, und der war sich wieder nicht sicher, ob er nicht im nächsten Augenblick sterben würde.

„Also Ihr seid Argalan."

Er blinzelte, atmete tief durch und trat endlich näher, um das Schwert in die Hand zu nehmen. Argalan war von dem Auftritt verwirrt und verstand nicht, worum es ging. Aber er sah, dass der Riese etwas von Schwertern verstand. Sirrend ließ er es durch die Luft tanzen. Prüfte Gewicht, Verteilung und Verarbeitung. Dann sah er sich das Schwert genauer an und nickte.

„Ein gutes Schwert", urteilte er endlich und schob es mit einem oft geübten Schwung in die Scheide zurück. „Meisterlich gearbeitet und sinnvoll geschmückt. Da es Meister Garlond schickt, habe ich auch nichts anderes erwartet."

Er hielt das Schwert Argalan hin und der griff danach. Doch der Grüne Mann ließ das Schwert noch nicht los. So standen sie für einen kurzen Augenblick. Wieder ruhten die

Augen des Riesen auf dem jungen Mann. Braun waren sie, für Argalan schienen sie wie poliertes Holz. Hart und starr, aber doch lebendig.

„Hoffen wir, dass das für alles gilt, was uns Meister Garlond schickt."

Für einen Atemzug war Argalan sprachlos. Hatte der Herr des Waldes vor, ihn zu beleidigen? Eine Herausforderung? Aber der hatte das Schwert schon losgelassen und sich an Llaglard gewandt.

„Garlonds Schwert wird es sein", erklärte er. „Bereitet es vor, Meister Llaglard, und gebt ihm einen Namen. Wenn der Tag sich dem Ende neigt, werden wir uns wiedersehen."

Llaglard und der Oberste nickten und erklärten ihr Einverständnis, dann gingen sie auseinander. Der Oberste und sein Schildträger marschierten zu den abseits wartenden Dorfbewohnern, der Grüne Mann wandte sich zum Wald und Llaglard trat zu Argalan und N'Gor-Round.

„Es wartet viel Arbeit auf uns, liebe Freunde", meinte er. „Die hohe Meisterin der Wicca ist benachrichtigt. Ihr werdet also Eure beiden Schülerinnen zur Unterstützung haben, Meister N'Gor. Denn Argalan trägt das Schwert durch die Weihen. Ich werde ihn brauchen."

N'Gor-Round nickte, machte aber keine Anstalten zu

gehen.

„Wisst Ihr es?", fragte er dann endlich, doch Llaglard schüttelte den Kopf. Statt einer Antwort wandte er sich an den noch immer verblüfften Argalan.

„Was ist zwischen Euch und dem Herrn des Waldes, Argalan? Ich habe noch nicht erlebt, dass ihn der Schwertträger mehr interessiert als das Schwert."

Argalan konnte nur mit den Schultern zucken und ehrlich stammeln, dass er sich keiner Schuld und keines Vergehens bewusst war. Die beiden Männer gaben sich damit zufrieden. Zumindest schien es Argalan so. N'Gor-Round ging der Gruppe Wiccas entgegen, die eben ankamen, angeführt von der hohen Meisterin der Wicca, einer Frau, die so alt und hinfällig aussah, dass sie Llaglards Mutter hätte sein können. Die Dorfbewohner machten sich auf den Weg zurück ins Dorf oder wurden vom Obersten in den Wald geschickt, um etwas vorzubereiten. Soweit Argalan es erkennen konnte, machten sie sich auf zu der großen Linde, bei der die Dorfgemeinschaft ihre Versammlungen abhielt. Der Grüne Mann war am Waldrand stehen geblieben und unterhielt sich mit zwei der Dorfbewohner. Was eigentlich ungewöhnlich war, denn er mied sonst die Gegenwart der Menschen. Argalan trat ein wenig verloren auf seinem Platz von einem Bein auf das andere, aber

Llaglard kam auch schon wieder. Begleitet von Meister Nnabastet, dem Meister des Rauches, und von Meister Oenglu, dem Meister der Beschwörungen. Auch N'Gor-Round kam wieder, flankiert von den beiden Wiccas, die er schon unterrichtet hatte, als Argalan angekommen war.

„Wir werden uns zurückziehen, um den Namen des Schwertes zu finden", begann N'Gor-Round. „Dazu würde ich Euch um Euren Rat bitten, Meister Nnabastet."

Der Meister kratzte sich sein Kinn unter dem dünnen Bart und sah dann die Wicca an, die ihren Umhang mit Federn geschmückt hatte.

„Was schlagt Ihr vor?"

„Ich würde zuerst Salbei nehmen, um den Geist zu reinigen", antwortete sie, ohne zu zögern.

„Und dann?"

Sie verharrte einen Augenblick überlegend, dann lachte sie auf.

„Dann würde ich die Mischung nehmen, die ein Meister Nnabastet speziell anfertigt, wenn es darum geht, die Bedeutung von etwas zu erkennen. Doch bleibt mir keine Zeit, sie herzustellen."

„Ihr wart eine gelehrige Schülerin", lobte der alte Mann nicht ohne Stolz. „Geht und lasst Euch von meinem Gehilfen geben, was Ihr braucht. Es sollte genügend da sein. Nein", berichtigte er sich, „ich werde selbst mit Euch gehen. Ich werde für die Weihen wohl auch Rauchwerk benötigen."

Die beiden entfernten sich und Llaglard sah N'Gor-Round nachdenklich an.

„Der Tag ist nicht mehr jung. Werdet Ihr einen Namen finden, Meister N'Gor?"

Der stämmige Mann lachte schelmisch, wie es seine Art war, und winkte ab.

„Ein Name findet sich immer", erklärte er leichthin, „die Frage ist nur, ob sich der Name auch bewährt. Aber Namen können sich ändern. Mit der Zeit."

Sie lachten alle mehr oder weniger laut, nur Argalan stand stumm daneben. Er bekam von alldem nicht viel mit. Ein anderes Schauspiel fesselte ihn viel mehr.

Der Grüne Mann unterhielt sich am Waldrand mit zwei Dorfbewohnern. Einem Mann und einer Frau. Eigentümlich vertraut erschienen ihm diese fernen Gestalten. Jetzt wandten sie sich um und kamen gemächlich auf die Hütte zu. Der Mann war kleiner als der Riese, doch wirkte er wesentlich massiger. Weil er einen dicken, weiten Umhang trug. Er schritt neben dem Grünen Mann und er schwang seinen Stab, wie einer es tut, der sein Leben lang jede Bewegung in sich aufnimmt. Weil nichts ohne Bedeutung ist für einen Hirten. Es war Gord, der Hirte aus dem Dorf am Fluss, der da neben dem Grünen Mann schritt. Freundlich, zurückhaltend, aber in keinem Augenblick unterwürfig, wie es seine Art war. Jetzt war sich Argalan vollkommen sicher, dass er es war. Und die Ähnlichkeit zwischen den beiden Männern war nicht zu übersehen. Jetzt konnte er endlich auch die Frau bei ihnen besser sehen. Ihre Haare waren länger geworden, sie trug keine Hosen mehr, aber das Schwert baumelte immer noch an ihrer Seite. Das dort war unverkennbar Mooh, die da auf ihn zukam. Und doch auch wieder nicht die Mooh, die er in seiner Erinnerung bewahrt hatte. Verändert schien sie ihm, auf eine unerklärliche Weise anders und doch ganz sie selbst. Und auch bei ihr war die Ähnlichkeit unübersehbar. Gord und der Grüne Mann mussten Brüder sein. Doch wenn Gord ihr Onkel war, dann musste der Grüne Mann ... Argalan fühlte, wie seine Knie weich wurden und seine Kehle trocken.

Die beiden Männer gesellten sich zu Llaglard, sie aber kam weiter auf ihn zu. Lächelte, und als sie sein verdutztes Gesicht bemerkte, verstärkte sich dieses Lächeln noch.

„Du bist ...", krächzte er und räusperte sich.

„Ja, ich bin da, weil man einen solchen Tag nicht verpassen sollte", missverstand sie ihn grinsend.

„Du bist seine Tochter", stammelte Argalan unbeirrt. „Du bist die Tochter des Herrn des Waldes!"

„Und deswegen glaubst du, mich nicht mehr umarmen zu dürfen?", lachte sie und fiel ihm um den Hals. Erst jetzt verstand Argalan, wie sehr er sich all die Monate nach ihr gesehnt hatte. Er wollte sie fest an sich drücken, um sie nie wieder loszulassen. Und erst jetzt bemerkte er das Bündel, das sie in einem Beutel vor der Brust trug.

Vorsichtig entfernte sie einen Zipfel der Decke und legte das rosige Gesicht eines zufrieden schlummernden Kindes frei.

„Da du meinen Vater ja schon kennst", meinte sie dabei leichthin, „wird es Zeit, dass du auch deinen Sohn kennenlernst."

Argalan stand da, steif wie eine Felssäule und war nur in der Lage, den verschwommenen rosa Flecken, der da vor seinen Augen tanzte, blöd anzustarren. In seinem Inneren prallten Urgewalten aneinander, fochten über unendliche Zeiten einen Krieg aus, in dem es keine Siege gab und es auch keine der schreienden Empfindungen schaffte, die Oberhand zu gewinnen. Meinungen, Bilder, Satzfetzen und Bruchstücke möglicher Zukunften woben sich ineinander, zerrissen sich gegenseitig und wühlten das innere Chaos nur weiter auf.

N'Gor-Round war leise zu ihnen getreten und erfasste die Situation um vieles praktischer.

„Werdet Ihr bei uns bleiben?", fragte er.

Sie schüttelte den Kopf und versuchte sich den Anschein zu geben, als wäre ihr diese Entscheidung leichtgefallen.

„Nein", erklärte sie, „solange er klein ist werde ich bei Gord im Dorf bleiben. Es gibt dort noch vieles zu tun. Wenn er dann größer ist, muss er selbst entscheiden, wem er folgt."

Sie schwiegen und sahen alle in das kleine Gesicht. Obwohl er schlief, schien es, als wisse er, dass er der Mittelpunkt aller Gedanken war. Und schien sich königlich darüber zu amüsieren.

„Da habe ich auch etwas mitzureden!", regte sich Argalan endlich, und trotz aller Standfestigkeit in seiner Stimme erschien ihm seine Zukunft in diesem Augenblick so ungewiss wie noch nie zuvor.

„Nein", entgegneten drei Stimmen auf einmal und Mooh, der Grüne Mann und Llaglard sagen sich überrascht an.

Argalan blinzelten von einem zum anderen und begriff nicht, warum er als Vater nicht zu bestimmen hatte, wo seine Frau und sein Sohn leben sollten.

„Mooh hat für sich entschieden", erklärte Gord leise und stützte sich schwer auf seinen Hirtenstab. „Euer Weg ist

Euch vorgegeben, Argalan. Und sie hat für sich entschieden, dass sie Eurem Weg nicht folgen kann und will. Was Euren Sohn angeht, so muss er die erste Zeit bei seiner Mutter bleiben. Dann wird er selbst entscheiden, welchen Weg er geht. Mit Euch den Weg der Menschen. Oder den anderen."

Jede der schweigenden Gestalten rund um das kleine Bündel wusste, was der alte Hirte mit dem verfilzten Bart damit meinte. Nur Argalan schwamm in Ungewissheit. Er wollte noch einmal die Stimme heben, wollte protestieren, und sei es nur um des Widerspruches willen, doch sein Meister kam ihm zuvor.

„Sein Name wird ArHanlaLar sein." Seine Stimme klang leise und ein wenig heiser. Und seine Augen erforschten eine Weite, die mit Schritten nicht zu ermessen war. Argalan wusste, dass sein Meister in der anderen Welt weilte und dass es äußerst unklug war, ihn zu wecken. „Er ist der, der aus der stillen Mitte wirkt. So wie es immer war. Und er wird den Wald nicht verlassen."

N'Gor-Round schwieg und die Menschen rund um ihn grübelten über seine Worte nach. Nur langsam klärten sich seine Augen, doch bevor ihn jemand ansprechen konnte, war es der alte Meister Llaglard, der Argalan am Arm fasste.

„Komm", meinte er leise, als wolle er einen Zauber nicht zerstören, „die Weihen! Wir müssen jetzt gehen." Nur widerwillig ließ sich Argalan zur Seite ziehen. Doch er folgte Llaglard, ohne sich zu beschweren. Die Weihen des Schwertes würden ihre Zeit dauern. Und Zeit war es, was auch Argalan jetzt brauchte, um seinen wirren Kopf wieder halbwegs klar zu bekommen.

Eigentlich waren es nur Handlangerdienste, was Argalan zu verrichten hatte. Lege das Schwert dorthin, nimm es wieder auf, halte es so, halte es anders – Argalan folgte den Anweisungen der drei Meister so gut er konnte, und an jedem anderen Tag hätte ihn das Schauspiel wohl fasziniert. Meister Nnabastet hüpfte herum und schwenkte Rauchgefäße und Federn wie eine dürre, flügellahme Krähe. Meister Oenglu hockte daneben wie ein feister Maulwurf, wiegte seine runde Gestalt und murmelte halblaut unendliche Beschwörungen vor sich hin. Auch Meister Llaglard war nicht untätig, er schritt herum, rief unzählige Götter zum Beistand und focht mit seinem Stab ganze Schlachten gegen unsichtbare Heerscharen. Einzig Argalan war nicht so recht bei der Sache. Die Beschwörung und Segnung eines Gegenstandes war ihm geläufig genug, damit ihm keine groben Fehler unterliefen. Vielleicht gerade deswegen schweiften seine Gedanken immer wieder ab.

Mooh war da! Zum Greifen nahe, und nichts lieber hätte er getan, als aus der stickigen Hütte zu laufen und sie zu suchen. Mooh war da – und sie war eine Tochter jenes uralten magischen Wesens, das als Herr über Leben und Tod, als Meister der Pflanzen und Tiere über die Welt herrschte. Für einen kurzen Atemzug durchzuckte ihn der Gedanke, dass der Grüne Mann vielleicht doch menschlicher war, als er sich den Anschein gab. Nur ein besonders großer Mensch aus Fleisch und Blut? Und er war ein Coilan! Dumar hatte ihm einmal anvertraut, dass die Coilan nicht sterben konnten. Aber sie konnten zeugen. Und sie konnten gebären. Er war Vater. Er war Vater eines Sohnes! Sein Sohn schlummerte da draußen. Blut von seinem Blute. Sein Sohn! Oder doch ein Coilan? Wie konnten Wesen nicht sterben und doch gebären? Was war an seinem Sohn, dass er als Vater nicht bestimmen durfte, wo er leben sollte? Mooh war da und doch mit einem Mal weiter entfernt als jemals zuvor.

Wieder hatte er einen Einsatz verpasst und Llaglard stieß ihn so unsanft mit dem Stab an, dass er zur Tür taumelte. Dort warteten schon die beiden anderen Meister. Nnabastet schritt voran, reinigte mit Rauch ihren Weg und die drei

Männer folgten. Argalan direkt hinter dem Meister des Rauches und flankiert von den beiden anderen Meistern. Eilig durchquerten sie den düsteren Wald und immer mehr Menschen sammelten sich um sie. Bald waren sie bei der großen Linde angekommen, wo der Oberste des Dorfes mit seinen Männern dabei war, ein mächtiges Feuer fertig zu machen. Die Sonne stand knapp über den Baumwipfeln und die Schatten streckten sich lang auf die kleine Lichtung. Die drei Meister und Argalan hielten an und harrten der Dinge. Lange mussten sie nicht warten. Argalan hätte schwören mögen, dass sich kein Zweig und kein Blatt bewegt hatten, trotzdem stand der Grüne Mann plötzlich am Waldrand und kam gemessenen Schrittes auf die Menschen zu. Wenige Schritte vor ihnen hielt er an und hob den mächtigen Knüppel, den er als Stab führte. Wandelnde Bäume traten daraufhin aus dem Halbschatten. Vier, sechs, zehn oder zwölf zählte Argalan. Umrankt von Zweigen, verschmiert mit Erde und Harz schienen sie direkt aus der anderen Welt zu kommen. Jetzt schritten sie ohne Eile hinter ihrem Herrn her auf die Menschen zu. Nur ein einziges Mal hatte Argalan einen von ihnen gesehen. Und das auch nur für einen kurzen Augenblick. Jetzt hatte er Zeit, diese unterschiedlichen Männer genauer zu betrachten. Und es bestand für ihn kein Zweifel mehr, dass es sich um Männer handelte. Nackt, verschmiert, umrankt, aber unverkennbar menschlich. Sie bildeten einen Halbkreis und einer trat weiter vor, hin zu seinem Herrn, und kniete nieder, den Kopf bis zum Boden gesenkt.

„Was ist dein Begehren?", fragt der Grüne Mann, und obwohl er eigentlich ganz normal sprach, trug seine Stimme doch über die Lichtung, auf der sich inzwischen das ganze Dorf versammelt hatte.

„Gebt mich frei, Meister des Waldes", bat der kniende Baum. „Fünf Winter habe ich Euch gedient, Herr über Leben und Tod. Fünf Sommer habt Ihr mich gelehrt, Ältester aller Wesen. Gelebt habe ich unter den Menschen. Gestorben bin ich im Wald. Gebt mich frei, Meister, damit ich auf meinem Platz unter den Menschen wiedergeboren werden kann."

Der Riese ließ einen Augenblick verstreichen, dann schwang er seinen Knüppel über dem knienden Mann. Ließ das dicke Ende auf den Boden krachen und hob mit dem dünnen Ende den Mann aus seiner knienden Stellung.

„Ich gebe dich zurück ins Leben."

Zwei der Wandelnden Bäume traten heran, entfernten das Gestrüpp von seinem Körper und aus seinen Haaren, die beiden Ovaten kamen hinzu, wuschen ihn und ließen einen nackten Mann mit nassen Haaren und harten Muskeln zurück.

„Von den Menschen bist du gekommen", dröhnte der Grüne Mann, „den Menschen habe ich getötet und dich als Wandelnden Baum gepflegt und belehrt. Mit dieser Sonne heute stirbt der Wandelnde Baum und mit den Sternen wirst du als Gaseat wiedergeboren. Gehe zu den Menschen, auf dass sie dir ein Schwert geben und dich kleiden und bewirten und auf dass du ihnen dienst, wie es einem ansteht, der den Tod erfahren hat."

Der Mann warf einen kurzen Blick auf seine Kameraden, verneigte sich vor seinem Herrn und ging dann den Menschen entgegen. Düster war es geworden, denn die Sonne war inzwischen ganz hinter den Bäumen verschwunden und dunkelroten Schleiern gleich zogen Wolkenfetzen am Himmel. Umso deutlicher war das kleine Licht zu sehen, mit dem jemand aus der Menge und dem nackten Mann entgegentrat. Ein Bündel trug sie auf dem Arm und Argalan hielt den Atem an, aber es war nur eines der jungen Mädchen aus dem Dorf. Sie trat auf ihn zu und reichte ihm das Bündel. Er verneigte sich, und während sie mit ihrem kleinen Licht wieder zur wartenden Menge zurückging schlüpfte er in die einfache Kleidung, die sie ihm gebracht hatte. Kaum war er fertig angezogen, und die Kleidung schien ihm ungewohnt, da tauchten zwei

Fackelträger auf und erhellten die Lichtung. Der Oberste des Dorfes kam mit ihnen, gefolgt von seinem Schildträger und dem ältesten Krieger. Im Schein der Fackeln reichten sie dem Mann einen Umhang, eine Decke, eine Tasche und einen Gürtel mit Messer und Trinkhorn. Wieder bedankte sich der Mann stumm und kleidete sich weiter an. Während sich der Oberste und seine Begleitung wieder unter die Leute mischten, blieben die beiden Fackelträger stehen. Die Wandelnden Bäume hatten sich an den Waldrand zurückgezogen und waren dort in dem Zwielicht nicht mehr von den Büschen und Stämmen zu unterscheiden. Nur der Grüne Mann war nicht gewichen. Sein Platz war unter den Menschen ebenso wie im Wald. Jetzt setzte sich Meister Llaglard in Bewegung und Argalan fühlte, wie auch er von Meister Oenglu vorwärtsgedrängt wurde. Von der anderen Seite erschienen Meister N'Gor-Round und seine beiden Begleiterinnen. Bei dem Gaseaten angekommen, nahm Llaglard einem der Männer die Fackel ab und N'Gor-Round nahm die andere. Gleichzeitig stießen sie die Fackeln von beiden Seiten in den großen Haufen und die Flammen leckten schnell nach oben und erfüllten die ganze Lichtung mit hellem Schein. Auf einen Wink trat nun Argalan vor und überreichte das Schwert. In dem flackernden Schein schillerte und glitzerte die Waffe, als hätte sie durch all die Beschwörungen tatsächlich eigenes Leben erhalten. Der Mann streckte die Hand danach aus, doch im letzten Augenblick zögerte er. Ein Zittern durchlief ihn und unbewusst biss er auf seine Lippe. Er war am Ziel seiner Wünsche. Unendliche Anstrengung schien es ihn zu kosten, das Schwert auch nur zu berühren. Sein Traum ging mit diesem Augenblick in Erfüllung. Vorsichtig, ja fast zärtlich strichen seine Finger über den Knauf, über den Griff. Nun glaubte er daran, dass alles, was er sich ausgemalt hatte, auch so eintreten würde. Endlich packte die Hand zu, verweilte einen schweren Atemzug lang, dann zog er das Schwert aus der Scheide und hielt es in die Höhe. Noch einmal so hell schien der Widerschein des Feuers sich auf der glänzenden Klinge zu brechen. Als würde es selbst brennen, so spiegelten sich die Flammen darauf.

„Lughbanran sei der Name Eures Schwertes!", ließ sich N'Gor-Round vernehmen. Währenddessen nahm Llaglard die Scheide des Schwertes an sich. „Lughbanran, geboren aus dem Feuer, auf dass die, die Unrecht tun, von seinem Glanz erleuchtet werden."

„Gaseat", rief Llaglard, „Ihr habt auf Leben und Besitz verzichtet, um als dem Tode Geweihter die Lebenden zu beschützen. Bewirtet sollt Ihr werden, wohin immer Ihr kommt, doch wo Not, Elend und Unterdrückung herrschen, dort sei Euer Platz, damit Ihr dem Gesetz wieder zu seiner Geltung verhelft. Todgeweiht und namenlos zieht Ihr in die Welt hinaus und die Menschen werden Euch ehren, denn jeder Mann, jede Frau und jedes Kind kann darauf vertrauen, dass Ihr ihnen beisteht in ihrer Not. Nackt geht ihr in den Kampf als Zeichen dafür, dass es nichts mehr gibt, das Ihr verlieren könnt. Namenlos seid Ihr in dieser Welt und Euer Schwert sei Euer Name, denn Euer Schwert ist Euer Leben, Gaseat. So kommt Ihr zu den Menschen, um unter ihnen zu leben, um unter ihnen zu wirken. Für das Gesetz."

Llaglard befestigte die Scheide an dem Gürtel und trat einen Schritt zurück. Mit einer gewandten, kaum wahrnehmbaren Bewegung wurde das Schwert herumgewirbelt und versank in der Scheide.

Hunderte Male war Argalan schon im Dunkeln suchend durch den Wald gelaufen und trotzdem stolperte er heute immer wieder. Strauchelte und blieb an unsichtbaren Ästen hängen. So kam er auch auf den Schatten vor sich zu. Gord saß da im Dunkel des Waldes, eingehüllt in seinen glockenförmigen Umhang und sah hinaus auf die Lichtung, auf die ausgelassenen Menschen und auf das große Feuer, wo die Geburt eines neuen Gaseaten gefeiert wurde.

„Wisst Ihr, wo sie ist? Wo Mooh ist?", wollte Argalan atemlos wissen. Der Schatten schien einige Zeit zu benötigen, um aus seiner Betrachtung aufzutauchen.

„Zurückgegangen ist sie", antwortete er endlich. „Zurück in unser Dorf." Und dann, so bedächtig, wie er wohl auch zu seinen Ziegen sprach: „Zu viel Schmerz hat ihr das Glück bereitet, Euch wiederzusehen. Denn ihre Entscheidung hat sie getroffen und niemand wird sie davon wieder abbringen können."

Argalan wandte sich brüsk ab, damit der Mann seine Gefühle nicht sah, kam dann aber doch nach ein paar Atemzügen zurück. Er musste mit jemandem sprechen, auch wenn er das, was ihn bewegte, nicht in Worte fassen konnte.

„Gord", fragte er, „kanntet Ihr Meister Dumar?"

„Ich kannte den alten Meister. Er war ein großer Mann."

Argalan kaute auf seiner Lippe und legte den Kopf schief.

„Meister Dumar erzählte mir einmal, dass die Coilan nicht sterben können", erklärte er vorsichtig. „Aber sie ist eine von euch. Also können Coilan gebären. Wenn ihr aber nicht sterben könnt, dann müsste es doch sehr viel mehr von euch geben."

Der Schatten schüttelte vor Verwunderung den Kopf und

Argalan fühlte, dass er grinste.

„Wenn Euch Meister Dumar das erzählt hat, dann hat er sich geirrt. Nun weiß niemand besser als die, die coilan sind, dass der Tod ein großes Geschenk der Götter ist, und es ist schon so – wenn ihr uns tötet, dann sterben wir. Und wenn unsere Zeit abgelaufen ist, dann sterben wir. Auf der anderen Seite", unterbrach er Argalans Einwand, zu dem dieser ansetzen wollte, „auf der anderen Seite können zwei Coilan einen Menschen zeugen. Ebenso wie zwei Menschen einen Coilan zeugen können. Das Kind weiß nichts davon und auch die Eltern nicht. Erst wenn es älter wird, kann es sein, dass es eine Ahnung bekommt. Bekommt es diese Ahnung, dann erkennt es selbst sein Wesen. Oder es bleibt ein Mensch. Es wird sich erst zeigen, ob Euer Sohn coilan ist oder nicht. Noch viele Winter wird er nichts wissen und werdet Ihr nichts wissen."

„Meister N'Gor meinte, er würde den Wald nie verlassen."

Jetzt lachte Gord laut.

„Euer Meister ist ein großer Mann und Ihr könnt viel bei ihm lernen", meinte er dann. „Aber auch der Feuermann hat sich schon geirrt. Die Zukunft hat viele Wege. Mehr, als einer erkennen kann."

Argalan nickte nachdenklich und machte sich dann weiter auf den Weg zum Fluss. Viele Fragen hätte er noch gehabt, doch seine Unruhe trieb ihn an.

„Ihr werdet sie nicht einholen", rief ihm Gord hinterher, aber es war unsicher, ob der junge Mann das gehört hatte. Jedenfalls tat er so, als hätte er es nicht gehört.

Wieder schüttelte der alte Hirte den Kopf und seufzte. Dann wandte er seine Aufmerksamkeit wieder den hellen Feierlichkeiten auf der kleinen Lichtung zu.

„Ich frage mich immer noch, ob sie eine gute Wahl getroffen hat", klang eine dunkle Stimme auf.

„Moohs Wahl war so gut, wie sie sein konnte", entgegnete Gord. „Dass weißt du so wie ich. Ich frage mich eher, ob der Feuermann mit seiner Vorhersage recht behalten wird."

Der mächtige Baumschatten neben ihm wankte ein wenig und es klang, als würde jemand voll Verachtung durch die Nase fauchen.

„Noch wissen wir gar nichts", erklärte er dann. „Wie du dem Jungen gesagt hast, die Zukunft hat viele Wege. Und sie hätte noch viele Möglichkeiten geboten."

Wieder lachte Gord.

„Du bist ihr Vater. Keiner wäre dir recht gewesen."

Jetzt lachte auch der mächtige Schatten, doch es klang nicht wirklich ehrlich.

„Etwas anderes macht mir im Augenblick mehr Gedanken", ließ sich Gord wieder vernehmen.

„Der Gaseat?"

„Es gibt schon so viele von ihnen. Und du weißt, es gibt nichts Gutes, das die Menschen nicht irgendwann verdrehen."

Der Riese im Schatten verlagerte sein Gewicht und schwieg einen Augenblick. „Was, glaubst du, wird geschehen?", fragte er dann.

Jetzt war es an Gord, verächtlich durch die Nase zu fauchen.

„Hochnäsig werden sie. Eitel und pflichtvergessen."

„Wenn es nur dabei bleibt."

„Du fürchtest Schlimmeres?"

Wieder schwieg der Grüne Mann im Schatten einen Augenblick, als müsste er Nachschau halten in der Zukunft.

„Verbrüdern werden sie sich. Und einen Anführer wählen, weil Menschen nicht gerne selbst Verantwortung tragen und weil es immer einen gibt, der herrschen will. Ein eigenes Volk werden sie sein wollen. Ein mächtiges Volk mit eigenem Besitz und eigenem Land. Selbst werden sie bestimmen wollen, wer Gaseat ist. Statt gegen die Ungerechtigkeit anzugehen, werden sie selbst sie begehen. Statt Not zu lindern, werden sie selbst für Not verantwortlich sein. Ich habe sie gelehrt, für das Gesetz zu kämpfen, sie aber werden für sich selbst kämpfen. Gegen die Menschen. Und andere werden sich finden, die wieder so sein wollen, wie die Gaseaten sind."

Gord nickte und seufzte.

„Möglich wäre es", meinte er. „Und auch wahrscheinlich. Doch was sollen wir tun? Können denn wir – gerade wir – gegen die Eitelkeit reden?"

„Gerade wir wissen, zu welcher Verblendung die Eitelkeit führt. Zu welchem Leid die Überschätzung der eigenen Fähigkeiten führen kann. Gerade wir sollten davon reden. Und gerade wir tun es. Aber glaubst du wirklich, einer meiner Schüler würde mir dabei zuhören? Natürlich warne ich sie vor den Gefahren der Eitelkeit, aber die Menschen vergessen so schnell."

„Und sie werden immer zahlreicher", brummte der alte Hirte. „Das ist nicht mehr unsere Welt. Zu viele Menschen, zu viele Äcker, zu viele Wege. Sie machen sich zum Herrn über die Erde, aber sie verstehen sie nicht. Doch wenn der Herr den Untertanen nicht versteht, dann ist der Untertan ein Sklave. Und Sklaven lehnen sich gegen ihre Peiniger auf. Wenn die Welt sich aber gegen den Menschen auflehnt, dann haben wir versagt. Dann war der eitle Schwur, den wir getan haben und den wir so bitter bereuen, völlig nutzlos. All die Jahre, all die Mühen – umsonst!"

Der große Schatten machte einen Schritt nach vorne und

legte dem alten Hirten die Hand auf die Schulter.

„Wenn ich eines gelernt habe, Bruder", meinte er dann mit fester Stimme, „dann ist es, dass alles einen Grund und einen Sinn hat. Auch wenn sich die Götter von uns abgewandt haben, sie leiten uns doch – und die Menschen – noch immer zu ihrem Ziel. Kein Blatt fällt umsonst, kein Tropfen Wasser verdampft nutzlos. Nur weil wir nicht wissen, was uns am Ziel erwartet, sollten wir nicht am Weg zweifeln."

Feuer in den Wäldern

Schon seit Tagen war das ganze Dorf auf den Beinen. Die Aufregung war nicht hektisch, niemand übereilte sich, trotzdem fühlte jeder, dass etwas Besonderes geschehen würde. Aber das lag nicht an den Menschen allein. Es lag etwas Besonderes in der Luft. Ein grüner Hauch, eine Ahnung, die das Blut leicht machte. Öfter als sonst hatte es in den letzten Tagen Streit gegeben und harte Worte. Aber ebenso schnell wie das Blut kochte, so schnell beruhigte es sich auch wieder. Wie die Menschen, so drängten auch die Ziegen unruhig in ihrem Gatter von einer Seite auf die andere. Ja, selbst die Tiere des Waldes wurden unvorsichtiger. In einem einzigen, kräftigen Atemzug schien die gesamte Natur durchzuatmen, den verstaubten Rest des Winters auszublasen und sich mit der neuen, der frischen Luft des Frühlings voll zu saugen. Nicht nur die Vögel in den Zweigen sangen, auch die Tiere des Waldes hoben ihre Stimmen. Manche Menschen taten es ihnen nach. Ohne Grund, mitten bei ihrer Arbeit. Irgendwann versammelte sich das Dorf und wählte aus. Es verwunderte niemanden wirklich, dass die Wahl auf den zweiten Sohn des Schmiedes fiel. Der älteste Sohn des Schmiedes war ein verschmierter, plumper und grober Kerl wie sein Vater.

Sein jüngerer Bruder war mindestens so groß und kräftig wie er, mit einem mächtigen Brustkorb und dicken Armen. Doch sein blonder Haarbusch leuchtete wie die Sonne selbst und in seinen blauen Augen blitzte ein freundliches Wesen, dem man auch so manchen groben Schabernack verzieh. Ein wirklich prachtvolles Exemplar eines jungen Mannes. So prachtvoll, dass einige Herzen gebrochen waren, als er zu Imbolic erstmals vor die Gemeinschaft getreten war, um seine Verbindung mit einer jungen Frau allen mitzuteilen. Natürlich waren dem die Verhandlungen zwischen den Sippen um die Mitgift von Frau und Mann vorangegangen, aber davon hatten viele nichts mitbekommen. Und es verwunderte auch niemanden, dass die andere Wahl des Dorfes gerade auf diese junge Frau fiel. Natürlich hatte es einige lange Gesichter unter den ungebundenen Mädchen gegeben. Den meisten war ja schon klar gewesen, dass ihm die Rolle des Großen Hirschen zukommen würde. Und wäre er ungebunden gewesen, so hätte auch eines der ungebundenen Mädchen die Rolle der Mutter der Erde übernehmen können. Genau genommen war es auch nicht vorgeschrieben, dass seine Gefährtin diese Rolle bekam, doch zumeist war es so der Fall. Und der Oberste hätte lange und weit zurück überlegen müssen und doch kein Jahr gefunden, in dem die

Mutter Erde nicht durch Zufall die Gefährtin des Mannes gewesen wäre, der den Großen Hirschen verkörperte. Entsprang den Feierlichkeiten doch zumeist zur Wintersonnenwende ein Kind. Ein großer Krieger oder eine weise Frau. Manchmal auch eine große Kriegerin oder ein weiser Mann. So gut wie immer waren die Kinder des Paares vom Beltanefest etwas Besonderes.

Argalan und dem Schüler des Llaglard kam es zu, den jungen Mann zu schmücken. Und das Geweih zu befestigen, das er während der rituellen Jagd tragen sollte, das bereitete ihnen viel Kopfzerbrechen. Aber auch diese Schwierigkeiten meisterten sie und konnten mit dem jungen Mann bei Einbruch der Dämmerung am Festplatz des Dorfes sein.

Dort wartete schon Brigda auf ihrem künstlichen Hügel und strahlte ihre Schönheit in die Dämmerung. Llaglards Schüler, auch sonst nicht auf den Mund gefallen, konnte nicht umhin, Argalan ins Ohr zu flüstern, dass bei dieser Mutter der Erde er auch gerne einmal Hirsch sein möchte. Eine Bemerkung, die ihm einen kräftigen Stoß des Hirschen eintrug. Aber wirklich böse schien der nicht zu sein, denn er lachte dabei stolz und meinte: „Glaube ich dir, aber da kommst du leider zu spät, mein Lieber."

Übermütig lachend brachten sie den geschmückten

Hirschenmann hinter den Hügel der Mutter der Erde, beglückwünschten ihn noch einmal und reihten sich dann auch unter die bewegte Menge der Dorfbewohner. Und es sollte noch einige Zeit dauern, bis die Gespräche und Verhandlungen halbwegs verebbten. Man traf sich nicht jeden Tag, und so war jedes Fest auch eine willkommene Gelegenheit, Verträge auszuhandeln, Kauf und Verkauf zu besprechen, Bürgen und Partner zu finden. Oder einfach nur Klatsch zu tauschen.

Argalan hatte das Schauspiel schon oft verfolgt. Als Kind war ihm tatsächlich so gewesen, als würde die Brigda mit lauten Schreien den Großen Hirschen aus der Erde unter sich gebären. Als würden die Jäger der Menschen ihn tatsächlich im Kreis herum verfolgen, verlieren, suchen und wieder finden, während er friedlich graste. Der Kampf würde furchtbar sein, und so mancher Jäger wurde von diesem Hirsch zu Boden geschleudert, denn so einfach gab der sich nicht hin. Aber dem Volk der Menschen gelang es wie jedes Jahr, den Hirschen zu töten und zu verzehren, auf dass seine Kraft auf sie überging. So wie jedes Jahr dachten sie auch daran, der Mutter Erde als Dank den Hirsch zu bringen, worauf dieser wieder lebendig wurde, sich zu seiner Mutter legte und beide unter Decken und Tüchern wie in der Erde versanken, auf dass er sie schwängere und neues Leben entstehen konnte.

Ein kräftiges Röhren des Hirschen unter den Decken zeigte dem Volk, dass sein Werk getan war, und das große Feuer wurde entzündet. Ein riesiges brannte in der Mitte und fünf kleinere in Form eines Drudenfußes darum herum. Getränke wurden von Hand zu Hand gereicht und die Barden hoben ihre Instrumente. Es dauerte nicht lange und fast das ganze Dorf lachte und trank und kreischte und tanzte wild um die Feuer herum. Aber das würde nicht lange so bleiben. Auf wundersame Weise würden etliche der Menschen verschwinden. Unbemerkt würden sie aus dem hellen Kreis des Feuers zurücktreten in die Dunkelheit. Zuerst verschwanden die Jungen, die es kaum erwarten konnten und genau wussten, worauf das Ganze hinauslief. Dann verschwanden wie immer die Jungen, die es ebenfalls nicht erwarten konnten, aber noch nicht so recht wussten, was geschehen würde. Da konnte es schon geschehen, dass sich eine reifere Frau eines nervösen Jünglings annahm. Die jungen Mädchen hatten zumeist eher das Problem, dass da zu viele waren, die gerne versucht hätten, ihre Kunst zu zeigen.

Beltane war nun mal das Fest, an dem die Menschen das Leben feierten. Das Leben mit all seiner Kraft, seiner Leidenschaft und seiner ungestümen Wildheit. Dabei war es schon geschehen, dass das, was man zu Imbolic eben erst verbunden hatte, zu Beltane bereits wieder auseinanderging. Zumeist wusste aber doch jeder genau, wohin er seine Schritte zu lenken hatte. Und sollte ein älterer Mann aus einer längeren Verbindung auszubrechen suchen und sich ein junges Mädchen zu fangen gedenken, so musste er sie erst einmal erwischen. Und da tat nun der Met seine Wirkung und griff regelnd ein.

Manch eine huschte auch zielstrebig durch die Tanzenden auf einen bestimmten Mann zu. Und Argalan entdeckte leicht erschrocken, dass er so ein Ziel war. Nicht dass er dem Treiben abgeneigt gewesen wäre. Da lagen einige Beltanefeste hinter ihm, an die er sich gerne erinnerte. In diesem Jahr aber war alles anders. Er wollte das Leben schon feiern, aber nur mit einer. Darum wich Argalan geschickt hinter ein paar Tanzenden aus und wandte sich weg. Zumindest meinte er das. Aber im nächsten Augenblick stand sie schon vor ihm und griff nach seiner Hand. So verblüfft war er, dass kein Ton über seine Lippen kam. Was er im Schein des Feuers für lange, offene Haare gehalten hatte, war nur ein Tuch, das sie sich über den Kopf geworfen hatte.

Sie lachte ihn an, ließ ihre Zähne blitzen, und kaum hatte er sie fest an sich gedrückt, als schon die Schar der Tanzenden sie umringt und mitgerissen hatte.

Hand in Hand tanzten sie mit den anderen um die Feuer. Tranken sie erhitzt von dem süßen Met und fütterten sich mit Bissen, ohne wirklich zu überlegen, was sie da aßen. Keinen einzigen Augenblick ließen sie sich los und keinen einzigen Augenblick wich ihre Aufmerksamkeit vom anderen. Und irgendwann war es dann so weit. Sie sahen sich an und die hellen Stimmen um sie schienen leiser zu werden. Sie sahen sich an und traten einen Schritt zurück. Weg aus dem Licht, hinein in die schützende Dunkelheit.

Argalan betrachtete die wenigen Sterne zwischen den schwarzen Wipfeln und ließ seine Gedanken schweifen. Sie lag an ihn gekuschelt, den Kopf auf seine Brust gebettet, und atmete tief und gleichmäßig.

„Niemals mehr werde ich dich verlassen", murmelte er leise hinauf zu den dunklen Wipfeln.

„Niemals und immer. Alles und nichts. Wie gerne werden diese Worte verwendet", lachte sie ebenso leise. Aber er schreckte auf.

„Ich dachte, du schläfst!"

Jetzt hob sie den Kopf und sah ihn einen Augenblick lang nachdenklich an.

„Warum sollte ich schlafen? Dazu habe ich Zeit genug,

wenn du fort bist", meinte sie endlich.

„Ich werde dich niemals ...", fuhr er auf, aber ihre Hand verschloss seinen Mund. Dabei schüttelte sie traurig den Kopf.

„Die Welt geht ihren Weg", erklärte sie nachdrücklich, „und jeder von uns hat seinen Platz darin. Man kann den Lauf der Welt nicht ändern, man kann vielleicht noch seinen Platz darin verlassen. Dann bleibt aber der Platz, den man hätte ausfüllen sollen, leer. Dann bleibt eine Aufgabe ungetan."

Sie setzte sich auf, drehte sich herum und bettete seinen Kopf auf ihre Schenkel. Strich ihm die wirren Haare aus dem Gesicht und sah, dass er um Verständnis kämpfte.

„Warum bist du nach der Weihe des Gaseaten so schnell verschwunden?"

Jetzt sah auch sie kurz zu den Sternen hinauf und seufzte.

„Der alte Druide lag im Sterben. Ich musste zu ihm und ihm auf dem Weg in die andere Welt helfen. Es war meine Aufgabe. Er ging in die andere Welt als junger Mann mit der Harfe in der Hand und einem Heldenlied auf den Lippen."

Argalan blinzelte und dachte nach.

„Dann ist das Dorf mit dir und Gord ohne Druiden!"

Sie nickte und er wollte sich aufgeregt aufsetzen.

„Dann braucht ihr einen neuen Druiden! Ich werde …"
Sie drückte ihn sanft zurück und schüttelte den Kopf.
„Eigentlich hätte ich schon vor ein paar Tagen hier sein sollen, aber ich wollte Beltane mit dir feiern. Morgen werde ich Llaglards Schüler führen. Wie zufällig wird er auf das Dorf treffen, so wie damals du. Er aber wird bleiben. Es ist seine Aufgabe."
„Warum er? Warum nicht ich?"
Argalan konnte den leisen Anflug von Eifersucht nicht unterdrücken, obwohl sein Kopf wusste, dass es damit nichts zu tun hatte. Oft genug hatte Llaglards Schüler davon gesprochen, wie sehr er den Winter im Wald hasste, und davon, dass er wegwollte. Ein Dorf und einen festen Platz in der Welt. Argalan empfand nicht so, das musste er sich eingestehen. Nun, Mooh war mehr als ein guter Grund, alles hinzuwerfen, die mühseligen Stunden und Tage des Lernens einzutauschen gegen das ruhige Leben eines kleinen Dorfdruiden. Mit Mooh an seiner Seite und vielen kleinen Kindern rund herum. Aber Argalan wusste auch, dass es nicht das Leben war, das er sich wünschte. Und er war sich nicht sicher, ob die Frau, die er liebte, auch ihn noch immer lieben würde, wenn er diesen einfachen Weg wählte. Wer konnte das schon sagen.
„Warum glaubst du so fest, dass mir ein anderes Leben

bestimmt ist als das eines kleinen Druiden an deiner Seite?", fragte er und ließ seine Finger über ihren Arm gleiten.

„Ich weiß nichts", gestand sie ernsthaft. „Aber ich fühle, dass es so ist. Vielleicht kann dir Argan eines Tages mehr sagen."

„Mein Vater?", fragte Argalan verwirrt.

„Dein Sohn!", lachte sie.

„Meister N'Gor gab ihm einen anderen Namen", begehrte Argalan trotzig auf, ohne recht zu wissen warum. Wann immer es um den Kleinen ging, hatten offensichtlich alle anderen mehr zu sagen als er. Sie aber lachte wieder nur und strich ihm übers Haar wie einem kleinen Jungen.

„Was einmal aus dem Jungen wird, das wissen nicht einmal die Götter. Und solange er sich nicht für einen Weg entschieden hat, trägt er den Namen, den ihm seine Mutter gibt. Einen Namen nach der Familie seines Vaters."

Die Namen der Götter

Es war ihm nicht klar, was mehr in seinen Augen brannte, das dämmrige Zwielicht, der krause Rauch von den Leuchtern oder die Worte auf den Rollen dünner Weidenrinde. Lange und genüsslich rieb er seine Augen, wohl auch, weil er so überhaupt keine Lust mehr hatte, die Namen zu lernen.

„Das Licht vor der Tür ist ansonsten besser, aber jetzt ist die Sonne schon am Verschwinden. Du bist lange genug über den Rollen gesessen für heute. Wir machen morgen weiter."

Llaglard schien aus seinem Dämmerschlaf neben der Feuerstelle erwacht zu sein, obwohl nichts in seiner Körperhaltung darauf hinwies.

Argalan streckte sich dankbar durch und machte sich sofort daran, die zerbrechlichen Rollen vorsichtig und sorgsam wieder zu bündeln. Erst dabei fiel ihm auf, dass ein Widerspruch in den Worten des Meisters lag.

„Ihr sagtet doch, dass niemand die Rollen der Namen sehen dürfe, Meister Llaglard", wollte er dann doch wissen. „Ich kann mich damit doch gar nicht vor die Tür setzen!"

Llaglards Gesicht verzog sich zu einem Grinsen und nun öffnete er doch die Augen.

„Und warum ist das so?"

„Weil es eigentlich verboten ist, die Namen der Dinge aufzuschreiben. Und weil es verboten ist, ist es nicht gut, den anderen zu zeigen, dass Ihr verbotene Dinge besitzt."

Llaglard nickte und schloss wieder die Augen. Die versteckte Anklage in Argalans Worten schien er überhört zu haben.

„Erkläre, warum es verboten ist", forderte der alte Mann jetzt und Argalan begriff, dass es eine Prüfung war. Also atmete er einmal tief durch, um seinen Unwillen über die Tatsache, dass er schon wieder geprüft wurde, zu unterdrücken, und suchte aus seinem Gedächtnis die Teile der Antwort zusammen.

„Es ist verboten", begann er und stockte sofort wieder. Was er wusste, was er gelernt hatte, sammelte sich zu einem Bodensatz und ergab auf einmal ein völlig neues Bild. Verwundert musste er leicht nicken und bemerkte so nicht, dass der prüfende Blick des Meisters zufrieden auf ihm ruhte.

„Es ist den Menschen nicht gestattet", begann er noch einmal, diesmal bedächtiger, „den Namen eines Dinges in Zeichen zu bannen. Geschriebene Zeichen haben, so wie jedes Ding, ihre eigene Macht, und wenn ein mächtiger Name so gebannt wird, dann ist sein Zeichen zumindest ebenso mächtig. Dies kann zum Bösen wie zum Guten verwendet werden. Zum Schutz und Bann oder zur Verdammung. Druiden, Wicca und auch Ovaten benutzen das Zeichen eines Gottes, um Schutz zu gewähren, auf Amuletten etwa. Es kann aber auch dazu benutzt werden, um Schaden zuzufügen. Manch einer bannt auch seine Vorratskammer in Zeichen und hofft so dem Verlust zu entgehen. Darum ist es den Menschen nicht gestattet, wahllos Zeichen zu setzen. Weil sie nicht wissen, welche Mächte sie damit heraufbeschwören."

Llaglard nickte und hob die Hand. Dabei sah er den Mann vor sich durchdringend an und schien zu überlegen. Argalan wartete ab und musste eine ganze Weile warten, bevor der Meister ihn aufforderte: „Anfangs sagtest du, es sei verboten. Dann meintest du, es sei nicht gestattet. Das ist ein Unterschied. Tatsächlich ist es den Menschen verboten, den meisten Druiden, Wiccas und Ovaten aber nur untersagt. Kannst du mir auch sagen, warum das so ist?"

Argalan begann langsam wieder die Rollen zusammenzubinden, zu bündeln und in der Truhe zu verstauen, aus der er sie genommen hatte. All das geschah schweigend. Ein Druide musste gleichzeitig nachdenken und handeln können.

„Ich glaube, es liegt an der Natur der Menschen", ließ er endlich vernehmen. „Es steckt eine große Gefahr in den Zeichen, das ist verständlich, aber manche Menschen würden es nicht verstehen, auch wenn man es ihnen erklärt. Und manche würden es zwar durchaus verstehen, aber die Zeichen trotzdem benutzen. Um sich selbst zu helfen und um anderen zu schaden. Es ist den Menschen verboten und es wird die Menschen nicht gelehrt – um sie vor sich selbst zu schützen."

Argalan war erschüttert über seine eigenen Worte. Zum ersten Mal wurde ihm wirklich bewusst, welche Macht, aber auch welche Verantwortung ein Druide gegenüber den Menschen hatte, die ihm vertrauten und ihm anvertraut waren.

Schwerfällig stand der alte Meister auf und wandte sich mit schlurfenden Schritten zur Tür, hinaus in das rötliche Licht des schwindenden Tages.

„In den gebannten Zeichen liegt aber auch noch eine andere Gefahr", meinte er dabei und Argalan folgte ihm langsam. Nicht ohne gewohnheitsmäßig einen Blick über den Raum zu werfen, ob er auch alles ordentlich hinterließ. Niemals hatte er zu Hause daran gedacht, hier aber hatte er Pflichten, und die gingen ihm allmählich ins Blut über.

„Ein Zeichen", fuhr Meister Llaglard inzwischen fort, „das

einmal gesetzt ist, das bleibt gesetzt. Es kann den Menschen, für den es bestimmt war, überdauern, und dann kennt vielleicht niemand mehr seinen Sinn und den Grund, warum es gesetzt wurde, seine Macht hat es aber trotzdem nicht eingebüßt."

Nachdenklich starrte der Mann mit dem langen Bart in die untergehende Sonne, stützte sich schwer auf seinen Stab und atmete tief durch.

„Etwas bedrückt Euch, Meister Llaglard."

Es war keine Frage, es war eine Feststellung Argalans. Und Llaglard war wieder erstaunt über die Fähigkeiten von N'Gor-Rounds Schüler.

„Während du die Namen lerntest, hatte ich ein Gesicht", meinte der Alte und atmete noch einmal tief durch. Argalan antwortete nicht darauf. Wenn er es erfahren sollte, würde er es erfahren.

„Ich sah ein Volk auf dürren Weiden", sinnierte der alte Meister, „in einem heißen Land. Und sie sind fähig, Zeichen zu setzen. Wer es können wollte, den wurde es gelehrt. Wandernde Hirten sind sie, und was sie zum Leben benötigen, das tragen sie mit sich. Ein hartes Land und ein hartes Leben machen harte Menschen. Und harte Menschen wenden sich einem harten Gott zu. Es werden anfangs Geschichten ihres Gottes sein, die sie niederschreiben, damit jeder sie lesen kann und aus ihnen lernen. Immer und immer wieder, immer mehr Blätter mit Zeichen. Doch sie zehren aus ihrem Gott Kraft und die Zeichen sind mächtig. So wird die Sammlung der Blätter selbst, die Sammlung der Geschichten ihres Gottes immer mächtiger. Die Söhne der Söhne vergessen schon bald und meinen, ihr Gott selbst hätte die Blätter geschaffen, er selbst würde daraus zu ihnen sprechen. Und sie beginnen die Geschichten anzubeten. Die genaue Folge der Zeichen wird ihnen wichtiger als der Sinn, der hinter den Worten steht und den sie längst nicht mehr erkennen. Dann beginnen sie sich zu zerstreiten, weil natürlich jeder die Zeichen ein wenig anders liest oder weil einer das Ganze noch einmal geschrieben hat, damit es nicht verloren geht, wenn die Stämme sich trennen. Doch er war ungenau und hat Fehler gemacht. Unwissentlich, oder weil er meinte, es besser zu wissen. Nicht den Gott beten sie mehr an, nicht dem Gott dienen sie mehr – die Sammlung der Blätter wurde ihr neuer Gott, um den sie sich vereinen. Und weil es immer neue Geschichten gibt, darum gibt es bald unterschiedliche Sammlungen. Und die Anhänger einer jeden liegen mit denen einer anderen in Streit. In blutigem Streit, immerhin geht es um ihren Gott. Noch weiter gehen sie, sie vergessen ihren Gott und meinen gar, am Anfang wäre nur das

Zeichen gewesen. Doch wenn die Menschen statt des sich ständig verändernden Lebens nur mehr die starren, kalten Zeichen sehen, dann wird auch ihr Sinn starr und kalt. Sie sehen nur mehr, dass sich alles wiederholt. So wie auf jeden Winter immer ein Frühling folgt. Aber sie sehen nicht mehr, dass jeder Frühling anders ist. Sie sehen nur mehr eine Wiese voller gelber Flugblumen, aber sie sehen nicht mehr, dass jede der Blüten einzigartig ist. Sie sehen die Veränderungen der Welt nicht mehr, sie meinen bereits alles gesehen zu haben, alles zu wissen, die vollkommene Wahrheit zu besitzen. Wenn ein Teil des Körpers sich von den anderen lossagt …"

„… dann nennt man das Krankheit."

Argalan sah, wie der alte Meister in das Rot der untergehenden Sonne und ihm war, als hätte er das Gesicht selbst gehabt. Und ihm war, als strömten das Leid und der Schmerz unzähliger Wesen daraus durch sein Herz.

„Kennt Ihr das Volk der Zeichen, Meister Llaglard?"

Der atmete noch einmal tief durch und schüttelte den Kopf energisch, um die trüben Gedanken zu verscheuchen.

„Du weißt doch, wie das mit den Gesichtern ist, Argalan", meinte er. „Sie sagen uns nicht, ob das, was wir sehen, schon geschehen ist, ob es erst geschehen wird oder ob es jetzt gerade geschieht. Wir wissen nicht einmal, ob es überhaupt jemals geschehen wird."

„Die Zukunft hat viele Wege. Mehr, als einer sehen kann."

„Ein weises Wort", nickte der Alte.

„Gord sagte es einmal zu mir", antwortete Argalan, aber er schien mit seinen Gedanken weit weg zu sein.

„Meister Llaglard, kann ein Volk wirklich einfach seine Götter vergessen und sich anderen zuwenden?", wollte er dann wissen und Llaglard lachte auf und straffte seine Gestalt.

„Weit im Süden, jenseits des großen Wassers", erzählte er, „da weiß ich von einem Volk, von dem man sagt, es errichte gewaltige Werke aus Stein. Sie leben an den Ufern eines großen Flusses, umgeben von Ländern voll unerträglicher Hitze. Ihre Priester beten einen Gott Rabe oder Raha als Schöpfer der Welt an. So hörte ich. Jedenfalls verwenden sie bei ihren Anrufungen eine Formel, die da lautet: ‚… und die Menschen entsprangen seinen Augen, die Götter aber seinem Mund.' Könnte es sein, dass dies ein Hinweis ist? Und wenn ja, ein Hinweis worauf?"

Argalan sah den alten Meister nachdenklich an und grinste plötzlich breit.

„Die Menschen kann man sehen", meinte er, „man kann sie beobachten, erlebt sie täglich und weiß, wie sie sind. Für die Götter gilt das alles nicht. Über die Götter kann man nur sprechen!"

Der alte Mann mit dem langen Bart sah den jüngeren mit dem blanken Gesicht an und schwieg. Argalan benötigte einige Augenblicke, bis er begriff, dass der alte Meister wartete. Auf etwas anderes. Auf etwas, das über das Gesagte hinausging. Argalan konnte es nicht wissen, vielleicht wieder ein Rätsel, das keinen Sinn ergab? Meister Llaglard liebte diese Rätsel, die einen zwangen, in völlig neuen Wegen zu denken. Aber was sollte an der Beschwörung eines Flussvolkes schon so völlig anders sein?

Argalan hielt den Atem an und wandte sich um.

„Die Menschen gibt es, denn man kann sie sehen. Die Götter kann man nicht sehen, darum muss man sie – erfinden? Weil es sie – gar nicht gibt?!"

„Das ist ein sehr hartes Wort", erwiderte Llaglard, schien aber nicht sonderlich erstaunt. Zumindest zeigte er nicht, dass er erstaunt war, wie schnell dieser Schüler Dinge begriff, die andere ihr ganzes Leben lang nicht zu denken wagten.

„Bleiben wir bei deiner ersten Erklärung", lenkte er ein. „Wenn man von den Göttern nur sprechen kann, sie aber niemals sieht, dann genügt schon ein neuer Herrscher und die Priester erzählen auf seinen Wunsch nur mehr von seinem Lieblingsgott. Und die anderen Götter versinken bei den Menschen langsam im Vergessen."

Argalan nickte teilnahmslos und ein wenig steif. Das Thema schien ihn nicht mehr zu interessieren. Aber Llaglard kannte diesen Schüler inzwischen gut genug, um zu wissen, dass er sich unwohl fühlte. Und dass ihn gerade deswegen dieses Thema brennend interessierte.

„Mit Worten kommen die Götter in die Herzen der Menschen, und so verschwinden sie auch wieder daraus", setzte der Alte nach. „Und niemand kann etwas dagegen tun."

Nur ein erfahrener Druide wie Llaglard sah das Zucken um Argalans Augenwinkel, jedem anderen wäre es entgangen. Für einen Atemzug herrschte Schweigen, dann wandte sich der junge Mann ab.

„Ich danke Euch, Meister Llaglard", versetzte er im Gehen. „Ich muss zu Meister N'Gor, das Fest der Ostara für morgen vorbereiten."

„Wie lautet die Lektion, die du heute gelernt hast?"

Argalan blieb stehen, drehte sich aber nicht um. Doch die Achtung vor dem großen Meister zwang ihn zu einer Antwort. Also sagte er langsam: „Zu vieles habe ich heute gehört. Mein Kopf muss das alles erst ordnen."

„Du kennst die Antwort bereits. Doch du fürchtest sie." Argalan kaute auf seiner Lippe, sah zu Boden und drehte sich dann doch endlich herum. „Ihr wollt mir sagen, dass es keine Götter gibt! Dass es nur leere Worte sind, was wir anbeten. Erfindungen anderer Druiden oder vielleicht gar unsere eigenen. Ihr wollt mir sagen, dass die Götter nichts anderes sind als Worte, die kommen und gehen, und die Geschichten und Heldentaten der Götter nichts als Lügen. Aber das kann ich nicht glauben!"

„Du WILLST es nicht glauben!", fuhr ihn der Alte an. „Oder hast du schon einen Gott gesehen? Ich nicht!"

Die Worte trafen Argalan wie Faustschläge und unwillkürlich wich er zurück. Doch er fing sich, straffte seine Gestalt und atmete tief durch.

Wut! Er war wütend auf Llaglard, weil dieser wieder Verbotenes tat. Nein. Er war wütend auf Llaglard, weil dieser ihm nicht nur seinen eigenen Zwiespalt aufzeigte, sondern diese schmerzende Wunde noch weiter aufriss.

Wut? Das war keine Lösung. Der alte Meister hatte nur ausgesprochen, was Argalan schon oft gedacht hatte. Vielleicht tat er es wirklich, um ihn zu verletzen, vielleicht um die Götter herauszufordern, damit sie sich endlich zeigten, wer wusste das schon. Aber warum immer er es auch tat, Llaglard zwang ihn, sich seinen Zweifeln zu stellen. Führte ihn.

„Ich kann nicht sagen, dass Ihr Euch irrt, Meister Llaglard", entgegnete er bemüht ruhiger, „denn auch ich kenne die Antwort nicht. Aber ich fühle, dass Ihr unrecht habt. So wenig ich weiß, ich habe doch erkannt, dass unser Leben seinen Sinn, sein Ziel hat. Alles, was wir tun. Ob es die Götter nun gibt oder nicht, spielt dabei eigentlich keine Rolle. Denn sie erfüllen ihre Aufgabe. Wenn es sie gibt, dann in der Welt um uns, wenn es sie nicht gibt, dann eben nur in den Köpfen der Menschen – so oder so, sie leiten die Menschen."

Jetzt war es der alte Meister Llaglard, der sich abwandte. Tief atmete er durch und rammte seinen Stab fest in den Boden. Es war offensichtlich, dass er um Fassung rang ob dieser Antwort. Also wandte sich Argalan wieder zum Gehen. Doch ein scharfes Wort des großen Meister stoppte ihn.

„Warum", rief er, „wenn es doch egal ist, ob es Götter gibt oder nicht, warum gibt es dann so viele von ihnen?"

Llaglard blickte hinauf zu den Wolken, die sich nun schon in dunkles Violett kleideten. Argalan sah auf die hoch aufgerichtete, helle Gestalt und überlegte. Atemzug um Atemzug verstrich, doch da war keine Antwort. Endlich wandte sich Llaglard von der untergehenden Sonne ab und hin zu seinem Schüler. Als der den bohrenden Blick bemerkte, sackte er in sich zusammen. „Ich weiß es nicht, Meister", gestand er. „Um die Wahrheit zu sagen, ich verzweifle. Drei Tage bin ich nun schon bei Euch – und ich kann es mir einfach nicht merken! Babh und Badbh, Nuadu, Culhwch, Eriu, Goibhniu, Lugh, Builg, Medb, Diarmaid, Daire, Daghda, Bricriu, Chulainn, Mamannan, Morrigan, Conchobar, Ailill, Macha, Arawn und Rhiannon und Hafgan und dazu Pwyll! Dann gibt es da noch Branweb und ihren Bruder Efnisien. Nicht zu vergessen Bendigeidran. Und Dyfeds, Gwawl und Pryderi. Math, Blodeuwedd, Lleu, Hyddwn und Hychdwn, Gwydion, Cilydd, Olwen und der Twrch Trwyth. Ach ja, Culhwch, Mabon, der Adler von Gwernabwy, der Hirsch von Rhedenure und der Lachs von Llyn Llaw. Und ... und ... ach ja, Midhir, Oenghus, Naoise, Belheno, Tarhanis der Donnerer, Eoghan, der die vier tötet, und Esus, der für die Gerechten in den Tod geht – wie soll ich mir das alles merken! Ach, natürlich nicht zu vergessen Ostara, deren Fest wir morgen feiern. Die Göttin des keimenden Lebens, reitend auf einer trächtigen Häsin und in der Hand das rote Ei als Zeichen des ewigen Lebens. Wenn sie alle nur Worte sind ohne eigenes Sein, dann will ich gar nicht wissen, was nachkommende Völker daraus machen werden. Und ich will auch gar nicht wissen, wie viele Götter ich vergessen habe. Ihr sagtet, wenn ich die Götter erkenne, dann werde ich sie auch verstehen, aber ich verstehe sie nicht, ich erkenne sie nicht, ja, ich merke sie mir nicht mal!"

„Du willst also wirklich die Götter erkennen?"
Llaglard trat nahe an seinen Schüler heran und sah ihm forschend in die Augen. „Wie willst du etwas erkennen, das sich schon durch seine Natur deinen Sinnen entzieht, das anders ist als alles, was ist? Weil alles, was ist, nur dadurch besteht. Du müsstest einen Vergleich zu Hilfe nehmen. Aber womit könnte man das vergleichen, was der innerste Kern aller Dinge ist? Das, was die Welt bewegt und ihr das Leben schenkt? Nun, vergleiche es vielleicht mit dem Licht in meiner Hütte. Unscheinbar wirkt dieses Licht jetzt, klein und vergänglich vielleicht. Und doch hat es die Macht, eine große Hütte zu erhellen. Das Licht an sich ist immer da. In der vollkommenen Finsternis einer Höhle kann es warten, bis es gefunden wird. Und wenn niemand da ist, der es sucht, dem Licht ist es egal. Es lebt aus sich selbst. Aber näherst du dich diesem Lichte unachtsam, so wirst es dich verbrennen. Dasselbe Licht, das dir den Weg weisen kann zu tiefer Erkenntnis."

„Und doch bin ich imstande, das Licht verlöschen zu

lassen."

„Erst wenn du imstande bist, zwischen einem Ding und dessen Vergleich zu unterscheiden! Das Licht der Fackel kannst du verlöschen lassen, das Licht in jenem Baum dort drüben nicht. Es ist darin verborgen und erst die Flammen des Feuers setzen es frei. Doch unsichtbar für die Menschen lebt es darin und wartet geduldig. Das Licht, von dem ich spreche, kann Wasser nicht löschen und Erde nicht ersticken, Wind kann es nicht ausblasen und der Mensch kann es nicht für seine Zwecke benutzen."

„Ich misstraue den Menschen."

Llaglard lachte laut auf und fasste den großen Mann an der Schulter, um ihn freundlich zu schütteln.

„Ich glaube, der alte Gord ist kein guter Umgang für dich, Argalan. Aber in dieser Beziehung kann ich dich und ihn beruhigen. Für die Menschheit ist das, was sie vom Leben sehen, gerade mal eine Flussbiegung. Ein paar Schritte hinauf und ein paar hinunter. Sie bauen vielleicht einen kleinen Damm mit Fischreusen am Ufer und freuen sich darüber, wie sie den Fluss ‚nach ihrem Willen neu gestaltet haben'. Aber sie ahnen nicht, dass dieser Fluss nach jeder Seite noch viele Tagesreisen weit reicht. Dass er noch mehr Biegungen hat als dieser Wald Blätter und Nadeln. Wir Menschen haben die Gabe erhalten, unsere Welt zu verändern. Das Volk der Waldkatzen hat diese Gabe nicht. Sind wir deswegen mächtiger oder sind sie weiser? Eine Antwort darauf kann erst das Volk geben, das nach uns kommt. Und wahrscheinlich nicht einmal die. Aber jetzt wird es wirklich Zeit für dich. Ich werde dich noch zu deinem Meister begleiten."

Gemächlich machten sie sich auf den Weg zwischen den verstreuten Hütten und Argalan überlegte, was er denn heute wirklich gelernt hatte, als ihm auffiel, dass der Alte ihn genau musterte.

„Was ist das, was du da an deinen Füßen trägst?", wollte er dann wissen und Argalan sah überrascht an sich hinunter.

„Nun", stammelte er verwirrt, „das sind Schuhe!" Und keineswegs mehr die besten, wie er in Gedanken hinzufügte.

„Aha", machte Llaglard und grinste seinen Schüler schelmisch an. „Wenn ich dich nun durch das Dorf schickte und fragen lasse, wie viele verschiedene Namen für diese Dinger würdest du wohl zusammenbringen?"

Argalan kratzte sich am Kopf und überschlug schnell das Dorf. Da war Nix' Familie aus dem Norden, da waren der Schmied und seine beiden Söhne aus dem Ostland ...

„Ein Dutzend wird es wohl schon sein, was ich zusammenbringe. Hat doch mein Volk schon drei oder vier

Begriffe dafür."

Llaglard nickte und machte sich wieder auf den Weg. „Sind die Menschen nicht umständlich?", meinte er dabei. „Ein Dutzend Begriffe für ein und dasselbe Ding. Wahrscheinlich noch viel mehr. Mit den Göttern, Argalan, da ist es genauso."

„Ein Dutzend Namen oder mehr für ein und denselben Gott", überlegte Argalan. „Ich müsste mir also nur merken, wofür die Menschen einen Gott erfunden haben, und mir dann immer den Namen der jeweiligen Sippe dazu suchen!"

Argalan kaute wieder in Gedanken versunken auf seiner Lippe und übersah so den erstaunten Blick, den ihm der alte Meister zuwarf.

„Obwohl", setzte Argalan dann hinzu, „wir haben für so viele Dinge Götter, dass es das auch nicht wirklich einfacher macht."

Jetzt musste Llaglard wieder lachen. Der stämmige Mann mit dem wilden Schnauzbart an der Hütte vor ihnen sah auf und dem ungleichen Paar erwartungsvoll entgegen.

„Ich dachte schon, du kommst heute gar nicht mehr", brummte er. „Aber ich dachte nicht, dass du noch bei Meister Llaglard bist."

Argalan zuckte mit den Schultern, aber der Alte winkte ab.

„Wir haben uns verplaudert über das Wesen der Götter", erklärte er. „Darum hätte ich eine Bitte an Euch, Meister N'Gor. Während Ihr für das morgige Fest arbeitet, seid so gut und erzählt unserem jungen Freund die Geschichte vom Gott Daghda."

„Die Geschichte von dem Gott mit der Keule, deren dickes Ende tötet und deren dünnes zum Leben erweckt? Und dem Kessel, durch den die Toten wieder ins Leben kommen?", fragte Argalan ungläubig. Es gab wohl kaum ein Kind, das diese Geschichten nicht kannte.

„Die andere Geschichte", ergänzte Llaglard und sah N'Gor-Round fest an. Der runzelte die Stirn und presste die buschigen Brauen dicht zusammen. Aber Llaglard hatte sich schon dem großen Mann zugewandt.

„Meister Argalan", meinte er und der Angesprochene zuckte erstaunt zusammen ob dieser ungewohnt ehrenhaften Anrede aus dem Mund des Großen Meisters, „Ihr kennt die Geschichte Daghdas, wie sie den Menschen erzählt wird. Was Euch Meister N'Gor-Round erzählen wird, das ist eine Geschichte für Druiden. Und sie ist nicht für die Menschen bestimmt."

„Es ist eine Geschichte für Meister", verdeutlichte N'Gor-Round seine Zweifel, aber Llaglard nahm keine Notiz davon. Er sah sich den verwirrten Schüler nochmals an und legte ihm dann wieder die Hand auf die Schulter.

„Ihr sagtet heute einmal, die Zukunft habe viele Wege. So bin ich mir nach heute nicht mehr sicher, ob die Menschen einmal von Argalan sprechen werden als einem der Schüler des großen Llaglard. Oder ob sie von Llaglard sprechen werden als einem der Lehrer des großen Argalan."

Während sich der kleine, alte Mann entfernte, sahen ihm die beiden vor der Hütte schweigend nach. Jeder hing seinen Gedanken nach und gemeinsam war ihnen nur die Verwunderung über diesen ungewöhnlichen Auftritt des alten Meisters. Der Stämmige mit dem wilden Schnauzbart fasste sich zuerst und warf dem Großen ein Bündel mit Birkenzweigen zu.

„Nun komm, solange es noch halbwegs hell ist", brummte er. „Sehen wir zu, dass wir unseren Eingang schmücken, bevor der Umzug morgen beginnt."

Eine Weile werkten sie schweigend, doch N'Gor-Round entging nicht, dass sein Schüler immer öfter fragende Blicke nach ihm warf.

„Ja, ich weiß!", rief er endlich und besah sich ihren Eingang skeptisch. Doch er schien mit dem Ergebnis einigermaßen zufrieden zu sein und begann die verbliebenen Ästchen zusammenzusuchen.

„Du musst heute ja mächtigen Eindruck auf den alten

Llaglard gemacht haben, wenn er meint, ich sollte dir seine Geschichte von Daghda erzählen."

„Ich wusste nicht, dass es neben all den Geschichten auch Geschichten nur für Meister gibt!"

N'Gor-Round trat mit einem Bündel in die Hütte und warf es gleich direkt ins Feuer, das gierig nach den kleinen Ästen griff, die Blätter einrollte und den Raum erhellte.

„Vieles, wenn nicht das meiste von dem, was du hier hörst, ist nicht für die Menschen in den Dörfern bestimmt. Zumindest nicht in dieser Form. Das wird dir ja schon aufgefallen sein."

„Ich habe hier einiges gehört, für das würde man mich in meinem Dorf töten, wenn ich es so sagen würden, wie ich es hier gehört habe", verdeutlichte Argalan und warf seinerseits die letzten Ästchen ins Feuer.

N'Gor-Round sah lange in die fröhlich tanzenden Flämmchen und Argalan befürchtete schon, er würde weiter schweigen. Aber er seufzte einmal tief, setzte sich neben die Feuerstelle und sah den ihm anvertrauten Schüler nachdenklich an.

„Wenn ich dir den Auftrag gebe, Nix etwas zu erklären, dann wirst du andere Worte wählen, als wenn du dasselbe Gord, dem Hirten oder Llaglard, dem Meister, erklären sollst. Genauso wichtig wie Wissen ist es für einen

Druiden, auch immer die richtigen Worte für die betreffende Person zu finden. Für den alten Schmied wirst du einfachere Worte wählen als für Meister Llaglard oder Meister Oenglu, wenn du über die Götter sprichst. Wenn du über Metall sprichst, wird es genau umgekehrt sein. Weil du davon ausgehen kannst, dass das Wissen des einen größer ist als das Wissen des anderen. Für den Schmied gibt es dutzende Arten von Metall, aber die Götter sind eben Götter und damit Schluss. Für einen Barden oder Druiden sind die Götter Wesenheiten mit anderen Fähigkeiten als die Menschen, mit tieferen Einblicken, aber auch mit ihren Schwächen."

„So wie Daghda mit dem Kessel ein wüster Raufbold ist, der Trinkgelage liebt und ganze Festtafeln allein verdrückt."

N'Gor-Round lachte, stand auf und holte ein Stück Brot, ein Stück getrocknetes Fleisch, legte es auf den Tisch und noch einen der letzten Äpfel dazu, weil er wusste, dass sein Schüler sie liebte. Dann angelte er nach seinem Messer, um aufzuteilen. Auch Argalan hatte seines schnell griffbereit.

„Das ist der Daghda des Schmiedes", erklärte der stämmige Mann kauend. „Der Daghda des N'Gor-Round ist ein Gespaltener. Auf der einen Seite wandelt er unter Menschen und versucht sich ihnen anzupassen. Auf der anderen Seite ist er aber dafür verantwortlich, dass das Gleichgewicht unter den Menschen erhalten bleibt. Sind zu viele da, dann geht er um und tötet. Sind zu wenige da, dann fasst er in seinen Kessel, den Bauch des Lebens, und holt neue daraus hervor. Aber da das Gleichgewicht eine sehr heikle Sache ist, ist auch seine Aufgabe keine leichte. Zumal Gleichgewicht und Gerechtigkeit nichts miteinander zu tun haben."

Argalan schnappte seinen Meister den größten Teil des Apfels weg und fragte unschuldig: „Und der Daghda Llaglards?"

N'Gor-Round betrachtete einen Augenblick lang das Stückchen Brot, das ihm geblieben war, und schüttelte dann den Kopf.

„Der Daghda Llaglards hat nichts mit den beiden anderen zu tun. Und doch alles. Der Daghda Llaglards ist der Ursprung aller Dinge. Der Vater von Göttern, Menschen und Bäumen. Und obwohl er der Vater des Raufboldes Daghda ist, und damit etwas völlig anderes, ist er doch gleichzeitig auch eben dieser Daghda."

Argalan hörte auf zu kauen, weil er versuchte, seinem Meister zu folgen, und sah doch nur ein grinsendes Gesicht.

„Brot kann man in Stücke brechen", fuhr N'Gor-Round nach einer kleinen Pause fort. „Stücke kann man zerkrümeln. Die Krümel kann man zerreiben. Das Mehl des Brotes immer feiner mahlen, bis es nur mehr ein Hauch von Staub ist."

„Trotzdem ist es immer noch Mehl", ergänzte Argalan.

„Ich habe gehört, ein Meister in den Südlanden lehrt, dass all die unzähligen Dinge aus nur wenigen Grundelementen bestehen. Teile, die, je nach ihrer Mischung, die Dinge ausmachen. Ob etwas ein Stück Brot oder ein Tropfen Wasser wird. Die Grundteile selbst kann man aber nicht mehr teilen."

„Denn sie sind so fein, dass niemand sie sehen kann."

Argalan nickte und erinnerte sich der Stunden in der stickigen Hütte des dunkelhäutigen Mannes mit den schwarzen Augen und dem grauenhaften Akzent, der die Geschichten der Südländer erzählte. Und an seine Gewohnheit, alle Menschen beim Sprechen berühren zu müssen.

„Llaglards Daghda, der Göttervater, war schon da, als es noch nichts sonst gab. Keine anderen Götter, keine Erde, keine Tiere, keine Menschen, keine Sterne, nicht einmal eine Sonne oder einen Mond gab es. Niemand kann dir sagen, warum er es getan hat, wir können es nicht einmal ahnen. Aber er tat es – er zerfiel in unsäglich kleine, unsäglich viele Teilchen. Wenn du für jeden Stern, den du am Himmel siehst, einen Haufen aufschichtest und jeder dieser Haufen würde alle Blätter und Nadeln aller Wälder und alle Kiesel entlang aller Flüsse beinhalten, du hättest nicht annähernd so viele Teile. Doch so unsäglich klein und so unsäglich viele Teile es auch sein mögen, jedes davon ist doch Daghda selbst. Und diese Teile haben nur eine Bestrebung, nämlich wieder zusammenzukommen. Bald fanden sich zwei, dann vier, und so ballten sich immer mehr von ihnen zusammen. Doch nicht ihre Anzahl war wichtig, entscheidend war das Wissen, das sie seit ihrer Teilung erlangt hatten. Je öfter ein Teil Daghdas in einen neuen Verband wechselte, desto mehr Wissen und mehr Erinnerung hatte es. Und so begannen sie sich die anderen Teile auszusuchen, mit denen sie sich verbinden wollten. Dadurch waren sie in der Lage, ihre Verbindungen zu steuern und zu verbessern. So formten sich manche bald zu starrsinnigen Ziegen oder zu stummen Bäumen. Manche folgten dem Weg des Menschen, um Erkenntnis zu erlangen. Weisere und mächtigere formten Götter. Doch ihr Ziel ist noch lange nicht erreicht."

„Dass alles zusammenfließt und wiederum nur mehr Daghda besteht?"

N'Gor-Round schob den letzten Brocken Brot hinter den Bart und nickte kauend.

„Genau. Irgendwann in undenklichen Zeiten wird es mehr Götter als Menschen geben. Dann nur mehr ein paar Götter und keine Tiere und Berge mehr. Dann noch zwei oder drei Götter, alles andere wird erloschen sein. So wird sich der Kreis des Lebens vollenden."

Argalan bohrte in Gedanken die Spitze seines Messers in die breiten Planken des Tisches und stocherte darauf herum. Obwohl er wusste, dass sein Meister es nicht gerne sah, wenn man seinen Tisch zerschnipselte. Aber da war ein Gedanke, der ihn nicht losließ. Der alles andere verdrängte.

„Ich hole frisches Wasser."

Ohne auf eine Antwort zu warten, stand der große Mann auf und verschwand aus der Hütte in die Dunkelheit der beginnenden Nacht. Er hatte die Tür offen gelassen und fast augenblicklich schob einer der struppigen Hunde des Dorfes seinen eckigen Kopf auf der Suche nach Fressbarem herein. Der stämmige Mann schnitt ein Stück von der harten Schwarte, verstaute den Rest und drängte dann den Hund wieder nach draußen. Während der struppige Hund hocherfreut an dem Stück Schwarte kaute, hatte der struppige Mann seine Hand auf der Seite des Tieres liegen und sah hinaus in die formlose Dunkelheit.

„Was meinst du", sagte er dann leise zu dem Tier, das vor

lauter Speichelfluss nichts sah und hörte, „ist er wirklich der, für den Llaglard ihn hält? Für den ihn viele halten? Ich kann es nicht sagen. Aber wenn er es ist, ich beneide ihn nicht."

Irgendwann war Argalan wieder da. Stand plötzlich mitten in der Hütte und sah zu seinem Meister hin, der vor dem Feuer saß und grübelte. Erwartungsvoll sah ihm der Mann am Feuer entgegen, aber Argalan schwieg verbissen. Er setzte sich wieder an den Tisch und starrte das raue Holz an.

„Nun", meinte N'Gor-Round, als ihm das Warten zu lang wurde, „was hältst du von Llaglards Daghda?"

Argalan drehte sich herum und sah an seinem Meister vorbei ins Feuer.

„Wie soll ich etwas richtig beurteilen können, das ich selbst bin?", meinte er dann leise. „Wie soll ich überhaupt noch etwas beurteilen können? Ich bin N'Gor-Round. Ich bin Llaglard. Ich bin dieser Tisch, diese Bank. Ich bin das Feuer. Das alles bin ich. Oder das alles ist ein Teil von mir. Denn ich bin Daghda und auch nicht."

N'Gor-Round seufzte, stand auf und legte dem offensichtlich ratlosen Schüler die Hand auf die Schulter.

„Auf der einen Seite und in erster Linie bist du Argalan.

Eine Form des Lebens. Eine besondere Form. Deine Form. Auf der anderen Seite bist du auch Teil von allem, was da ist. Teil des Lebens, Teil des großen Gottes. Wie wir alle mit allem verbunden sind. Wie wir das auch alle lehren. Sei dir dessen immer bewusst. Aber grüble nicht über Dinge nach, die nicht für uns Menschen bestimmt sind."

Argalan nickte und betrachtete den Ärmel seines Meisters nachdenklich genauer.

„Wie sollte auch der Floh auf dem Arm den ganzen Meister begreifen können."

Zauberei und Wissen

Die Sonne hing hoch am Himmel und strahlte voller Kraft. Argalan stand mit nacktem Oberkörper am Ende eines Feldes und schwitzte aus allen Poren. Der Bart, den er sich seit einiger Zeit wachsen ließ, juckte zum Verrücktwerden und seinem Meister schien es nicht anders zu ergehen. Auch wenn er sein Oberhemd niemals in Gegenwart anderer ablegte.

„Ich liebe Feste", rief er seinem Meister zu. Der hob den Kopf, sah ihn an und grinste.

„Aber?"

„Aber? Ich hasse das Arbeiten davor! Vor allem, wenn es so heiß ist."

„Oder wenn es kalt ist, oder wenn es regnet, oder wenn der feuchte Nebel zieht oder der Wind bläst", lachte N'Gor-Round und streckte seinen Rücken durch, das Bündel Äste fest zwischen seine Beine geklemmt. „Arbeit hat dir noch nie geschmeckt."

„Ihr habt wie immer recht, Meister", grinst Argalan. „Aber insgeheim hatte ich ja gehofft, bei euch hier die Kunst der Magie zu erlernen. Damit ich nicht mehr arbeiten muss. Aber da ihr hier ja alle arbeitet, dürfte es mit wahrer Magie nicht so weit her sein", stichelte Argalan freundlich lachend.

Der stämmige Mann ein paar Schritte weiter hatte eben sein Bündel zusammenbinden wollen. Jetzt stockte er einen Augenblick, überlegte und band dann doch das Bündel zusammen, bevor er sich aufrichtete und den großen Mann nachdenklich ansah.

„Ich wusste nicht, dass du dich für Magie interessierst", meinte er beinahe entschuldigend. „Ich dachte, du wärst hier, um die Weisheit zu ergründen."

Jetzt richtete sich auch Argalan auf und sah überrascht zu seinem Meister hinüber. Aber der wirkte ernsthaft erstaunt und schien seinen Schüler nicht wieder auf den Arm nehmen zu wollen.

„Ihr meint", fragte Argalan atemlos nach, „ich könnte wahre Magie erlernen? Hier erlernen? Und ihr habt mir bisher nur noch nichts davon gesagt, weil ihr dachtet, es interessiert mich nicht?"

„So in etwa", nickt N'Gor-Round und wandte sich wieder seinem Bündel zu.

„Ich muss hier so viel lernen, was mich nicht wirklich interessiert! Warum dann nicht auch das, was wirklich wichtig ist?", begehrte Argalan auf und der stämmige Mann sah ihn von unten herauf durch seine buschigen Augenbrauen an. Sah ihn erstaunt an.

„Für jemanden, der nach Weisheit sucht, ist die Magie nicht wirklich wichtig", maßregelte ihn der Meister. Und hielt ihm eine Weidenrute hin.

„Binde deine Äste zusammen, sonst verstreust du noch alles in deiner Aufregung."

Argalan grifft nach der Rute, schlang sie hastig um die Äste und versuchte sie zu schließen. Es blieb bei dem Versuch. Er rüttelte an den Ästen, bog mit aller Kraft, aber die Rute schien nicht halten zu wollen.

„Widersetzen sich dir die Dinge?", stichelte jetzt N'Gor-Round. „Vielleicht solltest du es dann mit wahrer Magie versuchen."

Überrascht sah Argalan auf, bemüht, das Bündel nicht auseinanderfallen zu lassen.

„Ihr kennt einen Spruch? Wahre Magie?"

„Sprüche! Herumgefuchtel mit irgendwelchen Stöcken!" N'Gor-Round schüttelte angewidert den Kopf. „Unsinniges Geraschel, um das unwissende Volk zu beeindrucken. Du fragtest nach wahrer Magie, und wahre Magie bedarf dieser Kniffe der Täuscher und Blender nicht, die durch die Dörfer ziehen und die Menschen zum Narren halten. Die mit flinken Fingern die Leute übertölpeln und mit einfachen Tricks hinters Licht führen." Wieder schüttelte er den Kopf. „Wahre Magie funktioniert einzig und allein durch deinen Kopf, deinen Willen. Einen Berg zu öffnen, einen riesigen Baum zu Fall zu bringen, eine Weidenrute zu biegen – das alles funktioniert nur durch deinen Kopf!"

Argalan sah mehr als ungläubig zu seinem Meister. Der schien das aber völlig ernst zu meinen.

„Das mit den flinken Fingern ist mir schon klar", gestand Argalan allmählich ein, hatte er doch selbst in seinem Heimatdorf ein paar Kniffe erlernt, die nichts mit Magie zu tun hatten und doch die Menschen in Erstaunen versetzen mochten. „Ich kenne das Geheimnis des flammenden Pulvers, mit dessen Hilfe wir so manchen Gott sprechen lassen, und ich kenne die Wirkung so manchen Trankes und so mancher Arten von Rauch, die wir verwenden. Doch wie soll wahre Magie in meinem Kopf wirksam werden?"

„Nicht im Kopf", winkte sein Meister ab, „durch deinen Kopf. Durch deine Gedanken. Durch dein bewusstes Handeln. Du willst die Weidenrute biegen? Dann erfasse mit deinem ganzen Wesen das Wesen der Rute. Das ganze Wesen der Rute. Durchdringe es, und du wirst verstehen."

Argalan sah von seinem Meister auf die Rute. Besah sie sich genauer und versuchte ruhig zu werden, um ihr Wesen zu erfassen. Ihre Länge, ihre Dicke. Den Wuchs, die Form und die Unregelmäßigkeiten. Ein leichtes Lächeln flog über seine Lippen, als er die Rute ein wenig drehte, und schon hielt sie sicher und fest das Bündel Äste zusammen.

„Erfasse ich das Wesen der Dinge, so erkenne ich, wie ich sie am besten einsetzen kann, wie sie sich mir gegenüber verhalten, wie ich mich ihnen gegenüber verhalten soll. Und dadurch kann ich die Dinge nach meinem Willen verändern? Das ist wahre Magie?"

„Für dich mag das jetzt einfach klingen", lachte der Meister, „aber es ist sehr viel schwerer, als du denkst. Und es verlangt außerordentliche Übung. Doch du kannst damit Dinge tun, die jeden anderen Menschen in Erstaunen versetzen. Nicht das Wesen der Dinge zu ändern, sondern es zu verstehen ist wahre Magie!"

„Auch einen Berg zu öffnen oder einen riesigen Baum zu Fall zu bringen?"

Argalan wirkte nicht so ganz überzeugt. Aber erst mal tat er es seinem Meister gleich, schulterte ein Bündel Äste und klemmte sich ein zweites unter den anderen Arm. So stapften sie schweigend am Rand des Feldes den Hügel hinauf. Oben angekommen, hielten sie kurz an, um zu Atem zu kommen.

„Es könnte natürlich auch sein, dass ich mich mit einem Berg nur lange genug befassen muss, um eine Spalte oder eine Höhle zu finden. Und für die geschäftigen, blinden

Menschen wirkt es, als hätte sich die Höhle für mich geöffnet. Ebenso ist es mit dem riesigen Baum. Jeden Baum kann man zu Fall bringen, wenn man seine schwache Stelle kennt. Wenn man einen unterirdischen Wasserlauf erkennt, dann bedarf es vielleicht nur mehr eines Schlages mit dem Stab, um eine Quelle zu öffnen. Also nur ein wenig Vertiefung in das Wesen der Dinge, und schon geschehen die Wunder der wahren Magie!"

N'Gor-Round lachte und rückte sein Bündel zurecht.

„Natürlich, so einfach und belanglos ist das Ganze!" Er schien sich köstlich zu amüsieren. „Was du so gelassen aussprichst, bedarf einer langen Zeit der Übung. Eine Weidenrute ist ein Ding, und vielen wäre es nicht gelungen. Aber nun versuche das Wesen dieses Feldes zu erfassen. Wenn du es kannst."

Argalan sah das Feld hinunter, besah sich die Begrenzungen, er sah die flachen Furchen mit den halbhohen Halmen, die sich im leichten Wind des Juni wiegten. So als würden sie ihm zurufen. Und ihn gleichzeitig ein wenig verhöhnen.

„Das Feld zu erfassen", fuhr N'Gor-Round nun leise fort, „das bedeutet nicht nur die Erde, Furche für Furche, Krume für Krume, sondern auch jeden ihrer kleinen Bewohner darin. Das bedeutet jede der Ähren, eine wie die andere und jede für sich, mit ihrer Wurzel in der Erde und ihren Ähren im Wind, und auch all die Gräser und Kräuter dazwischen. Jedes für sich. Vergiss auch nicht, was zwischen den Ähren fliegt und krabbelt. Und vergiss nicht, dass das Feld als Ganzes für die Menschen eine Bedeutung hat, die weit über die Summe der Ähren hinausgeht."

Er hatte leise, aber eindringlich gesprochen. Und Argalan wankte unter dem Ansturm so vieler Eindrücke, als wäre er selbst eine der Ähren im Wind. Doch dann atmete er tief durch und wandte sich zu seinem Meister.

„Ich werde mich dieser Übung stellen. Auch wenn ich jetzt noch glaube, dass es unmöglich ist, all die unzähligen Dinge gleichzeitig zu erfahren. Aber so vieles erschien mir unmöglich, bevor ich hierhergekommen bin. Ich glaube nur, wir sollten zuerst zurück zum Dorf, sonst wird das Feuer zur Sommersonnenwende ohne unsere Äste zu klein."

„Und das Fest wäre sicher nur halb so lustig ohne uns", grinste N'Gor-Round.

„Jedenfalls für uns!"

Sie machten sich wieder auf den Weg und stapften schweigend in den Nachmittag des Alban Heruin. Es war nicht ungewöhnlich, dass sie gemeinsam schwiegen. N'Gor-Round war von Natur aus nicht sonderlich gesprächig und Argalan darüber nicht böse, hing er doch ebenfalls gerne seinen Gedanken nach. So war es auch diesmal. Doch schienen seine Gedanken so düster zu sein, dass es dem Älteren auffiel.

„Sind deine Gedanken noch immer bei dem Feld?", fragte er, doch Argalan schüttelte nur den Kopf.

Sie kamen zu der Lichtung bei der Linde, auf der schon viele Menschen geschäftig am Werken waren. Etwas abseits bauten einige junge Männer eifrig mit den Bündeln aus Ästen, die ihnen gereicht wurden, ein hohes Feuer. Argalan und N'Gor-Round legten ihre Bündel ab und setzten sich daneben ins Gras.

„Es macht mich traurig", meinte Argalan mit einem Mal, „wenn ich verstehen will, dass es keine Magie gibt. Nichts, was uns erstaunt, ich meine, es ist einfach anders, als ich es mir vorgestellt habe, es ist irgendwie so leer, ohne Geheimnis, irgendwie, ich weiß nicht, irgendwie widerstrebt es mir zu begreifen, dass es keine Magie geben soll."

Der Ältere nickte und verstand ganz genau, was Argalan so unbeholfen ausdrücken wollte.

„In der Magie", erklärte er dann, „sehen viele Menschen das Versprechen für eine leichtere Welt. Viele meinen, die Magie würde uns die alltäglichen Arbeiten abnehmen.

Einen Baum zu fällen und Brennholz zu machen, Wasser zu schleppen oder auch nur die Hütte sauber und warm zu halten. Nicht zu vergessen die große Liebe." Er grinste still vor sich hin. „Wenn man dann entdeckt, dass dieses Versprechen nicht gehalten wird, dann ist man wie ein Kind, dem jemand sein Spielzeug weggenommen hat. Komm!"

N'Gor-Round stand auf und zog Argalan mit sich. Sie schnappten sich ihre Bündel und gingen näher an den großen Haufen. Jetzt waren sie an der Reihe, ihren Beitrag zu leisten. Einer der jungen Männer oben nahm ihre Bündel und reichte sie weiter hinauf. Dann stieg er herunter und wischte sich die langen, verschwitzten Haare aus dem Gesicht.

„Hallo, Nix", rief Argalan erfreut in dessen Dialekt, den er bei ihm so mühevoll gelernt hatte. „Du wirst doch nicht schon müde sein?"

„Im Fluss zu schwimmen ist angenehmer", lachte der Bursche. Aus dem verdreckten Bengel war inzwischen tatsächlich ein stattlicher junger Mann geworden. Automatisch sah sich Argalan um.

„Wo ist Nix?" Die Frage war berechtigt, waren der Junge und der Hund doch sonst unzertrennlich. Der junge Mann stapfte zu einem der Wasserkrüge, trank einen Schluck und wischte sich mit der feuchten Hand über das Gesicht. Über ein ernstes, sorgenvolles Gesicht.

„Nix ist alt geworden", meinte er dann leise. „Vielleicht sollte es so sein, dass ich euch beide treffe."

Seine Blicke wanderten schüchtern zwischen den beiden bärtigen Druiden hin und her.

„Er will immer noch mit mir Schritt halten", erzählte er weiter, „aber ich weiß, dass er Schmerzen hat. Laufen geht noch, aber springen kann er nicht mehr. Er lässt sich auch kaum mehr anfassen. Gerade noch von mir, aber von sonst niemandem. Ich weiß, er wird sich nie beklagen, aber es macht mich traurig, einen Freund so leiden zu sehen." Er trank noch einen Schluck, spülte den Mund und spuckte aus. „Ich möchte ihn nicht verlieren, ich möchte aber auch nicht, dass er leidet!"

Wieder wanderte sein Blick zwischen den beiden Männern hin und her. Die sahen sich kurz an, dann meinte N'Gor-Round: „Wir werden mit Meister Llaglard sprechen. Der Weise wird wissen, was zu tun ist."

Aus der Richtung des Dorfes trottete ein großer, grauer Hund auf sie zu. Es war offensichtlich, dass er seine Schritte vorsichtig setzte und dass er eine der Hinterpfoten kaum belastete. Aber sein Fell glänzte und er schien kräftig und stolz. Mindestens ebenso stolz ging ein Kind neben ihm, den Hund kaum überragend, die Hand fest in seine Nackenhaare gekrallt und ernsthaft wie ein Stammesfürst. Argalan mochte seinen Augen nicht trauen.

„Niemand darf Nix anfassen", setzte der junge Mann noch einmal lächelnd nach. „Außer Argan, Eurem Sohn. Es scheint sogar, als würden seine Schmerzen verschwinden, wenn er ihn berührt. Es ist Magie."

„Wohl kaum", brummte Argalan.

„Das könnte wohl sein", meinte N'Gor-Round.

Die beiden Druiden sahen sich an und wussten, dass jetzt nicht die Zeit war, ihr Gespräch fortzusetzen. Inzwischen hatte sich das ungleiche Paar genähert. Das Kind ließ den Hund los und lief mit einem kleinen Schrei in die Arme seine Vaters. Der umarmte es, hob es hoch und drehte sich im Kreis.

„Du wirst auch immer größer und schwerer, wenn ich dich sehe!", rief er dabei erfreut. Der Junge schlang seine Arme um Argalans Hals und drückte sein Gesicht an dessen Schulter. Endlich sah er auf und seinen Vater aus großen Augen an.

„Mutter sagte, ich könne bei Euch bleiben, bis das Fest beginnt", erklärte er. „Aber nur, wenn ich Euch nicht störe."

„Nein, du störst nicht, junger Fürst", lachte N'Gor-Round.

„Genau genommen brauchen wir dich ja. Wie sollten wir denn sonst mit dem Feuer fertig werden, wenn du uns nicht hilfst!"

Der Knirps strahlte vor Stolz, aber es war offensichtlich, dass da noch etwas war, das herauswollte.

„Na, was ist, mein Junge?", meinte Argalan und drückte ihn liebevoll. „Was gibt es denn sonst noch?"

„Es ist wegen Nix", meinte der Knirps und wandte sich zu dem großen Hund um, der sich inzwischen neben seinen Herrn und Freund gelegt hatte, die Augen geschlossen hielt und sichtbar schwer atmete. Was aber bei dem dicken Fell und der Hitze nicht ungewöhnlich war. Alle anderen Hunde waren längst irgendwo in der Kühle des Waldes verschwunden. Trotzdem war jedem klar, dass das Tier litt.

„Mutter sagt, Ihr seid ein großer Druide, Vater. Und Ihr auch, Meister N'Gor. Der arme Nix hat große Schmerzen, und er ist so müde. Könnt Ihr ihm nicht helfen? Bitte!"

Argalan streichelte dem Jungen auf seinem Arm über den Kopf und drückte ihn liebevoll.

„Es ist das Alter, das ihm Schmerzen bereitet, Argan", erklärte er dabei, „und selbst der größte Druide ist machtlos gegen das Alter. Wir können ihm ein wenig helfen gegen die Schmerzen, aber gegen das Alter gibt es keine Heilung. Und auch die Schmerzen werden immer da sein."

Argalan sah auf den alten Hund und er fühlte mit einem Mal ebenfalls die Last der Jahre, die auf seinen Schultern ruhte. So vieles gab es noch zu lernen, so vieles gab es noch zu tun. Und viel zu schnell vergingen die Jahre.

„Wenn man die Schmerzen nicht beenden kann und das Leben nur noch das Warten auf den Tod bedeutet, dann sollte man helfen. Wenn er bereit ist zu gehen und seine Zeit gekommen ist, dann ist der Tod eben der Lauf der Dinge. So war es immer und so wird es immer sein. Nix ist müde. Er ist seinen Weg in dieser Welt gelaufen und er ist bereit zu gehen. Auch weil er fühlt, dass er jetzt Grund zur Sorge wird. Wie groß muss eine Freundschaft sein, wenn einer bereit ist zu gehen, um den anderen freizugeben. Wenn ihr entscheidet, dass er in Schmerzen leben soll, so wird er auch das glücklich tun. Aber er ist bereit zu gehen."

Die drei Erwachsenen benötigten eine Weile, bis sie wirklich begriffen, was der kleine Junge da gesagt hatte. Mit großen Augen sahen sie den Knirps an, doch der bemerkte das Erstaunen der Männer nicht. Oder es war ihm gleichgültig. Er sah nur auf das alte Tier mit einer Mischung aus ernsthaftem Mitleid und ruhiger Trauer. Und niemand zweifelte daran, dass der kleine Argan sehr wohl wusste, was er da gesagt hatte.

Bedenke, wo du stehst

Das Gewirr der Äste war undurchdringlich geworden. Zumindest für die Blicke der Menschen. Wenn die strahlende Helligkeit der Sonne verschwand, dann war die Zeit, in der dem Wald seine verzauberte Schönheit zurückkam. So viel Argalan auch gelernt hatte, das Gefühl für die Magie, für die unendliche und unbezwingbare Kraft der Natur war geblieben. Und noch immer liebte er es, allein durch die Wälder zu streifen. Dem Herzschlag der Göttin Brigda zu lauschen, denn der schien in diesen Wäldern besonders kräftig, besonders laut und besonders gleichmäßig zu sein. Zumindest empfand es Argalan so. Und er wusste, er war damit nicht allein. Der große, dunkle Wald, der geheimnisvolle Wald im Osten – in wie vielen Geschichten wurde davon erzählt und wie viele Geschichten mehr würden die Menschen nach ihnen noch davon erzählen. Diese Geschichten waren der Schutz der Gemeinschaft und doch – mehr. Wenn einer sich selbst suchte, oder die Wunder der Welt, oder die unveränderliche Kraft des Lebens, dann wurde er in den Geschichten in den Dunklen Wald geschickt, um zu finden. Oder es war einer auf der Suche nach einem großen Meister, um noch größeres Leid abzuwenden. Argalan grinste vor sich hin und bog einen Zweig vorsichtig aus dem Weg, um ihn nicht zu brechen. Große Meister gab es hier genug, auch wenn die meisten davon viel zu normal waren, um dem Bild des großen Meisters in den Geschichten gerecht zu werden. Dabei wusste Argalan, dass manche der Jungen auch ihn bereits als großen Meister ansahen, obwohl er immer noch Schüler des N'Gor-Round war. Wie lange würde er wohl noch Schüler bleiben? Wenn es nach ihm ging, dann könnte das noch lange so sein. Es fand sich immer wieder etwas Neues, das er lernen konnte. Manche Dinge würde er aber nie lernen.

So war er viel zu sehr in seine Gedanken versponnen durch den Wald gestreift, als dass er noch auf seine Umwelt hätte achten können. Nur so konnte es geschehen, dass er ein Rudel Rehe aufschreckte. Seinem Meister hätte das nicht gefallen. Und auch Meister Llaglard hätte wieder einen Grund, wütend zu werden. Denn auch in tiefen Gedanken musste man auf seine Umgebung wachsam reagieren können. Blindes Stolpern durch einen Wald oder durch die Welt konnte einen selbst oder die Menschen, die einem anvertraut waren, ins Verderben stürzen. Eine Lektion, die der alte Mann Llaglard nicht müde wurde zu wiederholen. Argalan hielt also an, atmete tief durch und widmete sich seiner Umwelt nun bedachtsamer. Aber er war allein in diesem Wald, der Weg vor ihm war frei, auch wenn er in den länger werdenden Schatten immer düsterer wurde.

Abseits von seinem Weg, auf der Böschung hinunter zum Fluss, lag eine Gruppe von aufeinandergeschichteten Felsen. Noch schwärzere Schatten umgaben sie, noch düsterer wirkten die Felsen als Argalans Weg. Ihre schweren, wuchtigen Körper zeichneten sich gegen das Dunkel des Waldes bedrohlich ab. Einen Augenblick verharrte Argalan noch, dann war er sich sicher, dass sich in diesem Schatten etwas ein wenig gerührt hatte. Ohne weiter zu überlegen, verließ er seinen Weg und ging die wenigen Schritte hinüber zu der Formation, die aussah, als hätte das Kind eines Riesen mit Kieseln gespielt.

„Ich grüße Euch, Meister des Waldes", ließ er mit gedämpfter Stimme vernehmen und der Schatten nickte.

„Ah, Argalan! Es tut gut, Euch zu sehen", meinte der Grüne Mann und verfiel wieder in Schweigen.

Argalan kraulte seinen Bart, und als der Riese von einem Mann nichts weiter sagte, setzte er sich zu ihm auf den Felsen.

„Wenn Mooh gewusst hätte, dass ich Euch treffe, dann hätte sie mir sicher Grüße für Euch mitgegeben", begann Argalan noch einmal. Wieder nickte der Riese. Argalan überlegte schon, ob er nicht besser wieder aufstehen und sich entfernen sollte, als der Grüne Mann fragte: „Wie geht es meiner Tochter, und wie geht es Eurem Sohn?"

„Es geht ihnen gut. Wie Euch Eure lebenden Bäume wohl berichtet haben werden", entgegnete Argalan nicht ohne einen leisen Ton des Unwillens. Aber der Grüne Mann reagierte darauf nicht und allmählich begriff Argalan, dass der schweigende Mann seinen Gedanken nachhing. Und es schienen keine guten zu sein.

„Sollte Eure Tochter älter werden, dann sieht man es ihr zumindest nicht an", erzählte er also mit unbekümmerter Stimme, um die dunklen Wolken im Geist des Grünen Mannes zu vertreiben. „Die Mädchen und Frauen neiden ihr ihre Schönheit, die alten Männer ihre Klugheit und die jungen Männer ihre wilde Gewandtheit. Auch wenn die jungen Männer es dank ihrer Schönheit nicht so zeigen wollen."

Er sprach es leichthin aus, aber er bemerkte, dass es in seinem Herzen einen Stich tat zu wissen, dass all die jungen Männer hinter ihr her waren. Und sie war nicht gebunden. Sie hatten sich nie aneinander gebunden. Imbolic war gekommen und gegangen und immer wieder hatte er überlegt und sie doch niemals gefragt. Dabei war es wirklich nur eine Sache zwischen ihnen beiden. Sie besaß nicht viel, und auch wenn sie bei ihrem Onkel lebte, so übte

der sicherlich keine Gewalt über sie aus. Sie tat ihren Dienst in der Gemeinschaft des Dorfes und bekam ihren Anteil. Nichts, was man nicht hinter sich lassen konnte. Bei Argalan lag die Sache ein wenig anders. Seine Sippe war wohlhabend und er hätte wohl einigen Widerstand erlebt, wenn er sich zu Hause mit dieser Frau verbunden hätte. Aber seine Sippe war weit und er war fortgegangen aus ihrer Gemeinschaft. War nun ohne ihren Schutz, aber auch ohne ihren Einspruch, auf sich allein gestellt. So wie sie, wenngleich er nun der Gemeinschaft des Dorfes der Druiden unterlag. Er trug noch immer den Namen seiner Sippe, doch er unterlag nicht mehr ihrem Richtspruch. Er war frei, aber auch allein. Und obwohl er es besser wusste, war ihm nicht ganz wohl dabei, all die jungen Männer auf ihrer Fährte zu wissen. Dabei war gerade sie ein Wild, das sich zu wehren verstand. Wenn es sich denn wehren wollte.
Dem Grünen Mann war etwas ganz anderes an Argalans Erzählung aufgefallen. Er hob den Kopf, sah den Druiden neben sich an und nickte dann.
„Ja", meinte er dabei leise, „der Neid. Ein ewiger Begleiter der Menschen. Wie der Tod. Nur gefährlicher."
Nun begann Argalan doch neugierig zu werden. So hatte er den Riesen noch niemals erlebt. Aber er sah ihn nur fragend an. Argalan hatte in seinem Leben inzwischen

genug Gespräche mit Angehörigen, Opfern oder Betroffenen geführt, um zu wissen, dass es keiner Fragen bedurfte. Was drückte, das wollte heraus. Und was herauswollte, das würde seinen Weg finden. Man musste ihm nur seine Zeit lassen.

Der Grüne Mann zog einen Sack neben sich hervor, stellte ihn vor sich hin und öffnete ihn. Ein wenig fiel das grobe Tuch auseinander und gab das wirre und von Blut hart verkrustete Haar eines Menschen frei. Mit leichtem Schaudern griff Argalan zu und legte den Kopf frei. Schon einige abgetrennte Köpfe hatte er gesehen. Trotzdem war ihm immer noch mulmig dabei.

„In den Geschichten können die Köpfe der großen Krieger sprechen und erzählen ihre Geschichte", erinnerte Argalan und der Riese neben ihm lachte lustlos auf.

„NUR in den Geschichten können Köpfe sprechen", stimmte er zu, „und nur die der großen Krieger. Wir sind aber nicht in einer Geschichte und er da war kein großer Krieger. Ein kleiner Narr war er. Voller Eitelkeit und voller Neid. Eine schlechte Mischung."

Er fuhr sich über die Augen und besah sich dann nachdenklich seine Hand. Von der großen Pranke wanderte der Blick zu den verzerrten Gesichtszügen und dem halb geöffneten Mund des Kopfes im Sack.

„Schon länger lag er allen damit in den Ohren, ich sei zu alt, um noch der Herr des Waldes zu sein", erzählte er dann weiter. „Und endlich kam er auf die Idee, mich herauszufordern, um allen zu beweisen, dass er mich besiegen kann und berechtigt ist, meinen Platz einzunehmen. Wenn der Narr gewusst hätte, dass ich diesen Platz niemals gerne eingenommen habe und mir nichts sehnlicher wünsche, als ihn wieder abgeben zu können. Aber bis heute war da niemand, der eines Grünen Mannes würdig gewesen wäre, also trug ich die Bürde. Viele Gaseaten habe ich ausgebildet und in die Welt geschickt, damit diese Welt eine bessere werde. Viel Freude haben mir die Geschichten über die großen Krieger, die mir in den Jahren zugetragen wurden, aber nicht gemacht. Der da wollte ebenso ein unbezwingbarer Held sein. Und er war jung, er war schnell, er war kräftig – und er war unachtsam. Es war sein Wunsch, als er besiegt dalag, dass ich ihn seinem Gott Theuterter opfere. Und da er dem Tod näher war als dem Leben, erfüllte ich seinen Wunsch. Als sein Leben ihn verlassen hatte, da trennte ich nach den Bräuchen den Kopf von dem Körper, damit auch der Geist vom Körper getrennt ist und die drei Elemente des Lebens ungehindert voneinander ihren Weg finden. Sagt mir, Meister Argalan", begehrte er auf und betonte dabei das

‚Meister' spöttisch, „als Mensch, der Ihr seid, sagt einem alten, unverständigen Coilan, wie man etwas Lebendiges opfern kann. Wie man einen Menschen opfern kann! Wie ein Mensch sich selbst opfern kann. Einem Ideal, einem Gott, der sich gar nicht um die Menschen schert!"

Argalan betrachtete in der Düsternis seine Hände und begriff nur allmählich, dass der weise Mann neben ihm, der doch selbst fast ein Gott war, tatsächlich auf eine Antwort wartete.

„Vor einiger Zeit erst feierten wir das Lughnasad-Fest", begann Argalan leise. „Wir danken bei diesem Fest den Göttern für die reiche Ernte, die wir selbst in unserem Schweiß haben erarbeiten müssen. Das Opfer ist das Zeichen für die Erkenntnis, dass wir nicht allein sind, sondern eingebunden in einen Kreislauf, der uns ebenso schützt, wie wir ihn schützen. Weil das Leben ein Stück Stoff ist, und jedes Wesen ist ein Knoten darin. Egal wie wir es nennen, der Mensch ist nichts ohne die Welt, und doch kann die Welt durch den Menschen zerstört oder zumindest gestört werden."

Argalan fühlte seine eigene Verwunderung. Zwar hatte er viel darüber nachgedacht, doch noch nie war er zu solchen Schlüssen gekommen. Wie so vieles schienen auch sie einfach in ihm gereift zu sein und zu schlummern.

„Die Menschen aber brauchen ein Bild", fuhr er fort, „weil sie mit einem unsichtbaren Kreislauf nichts anfangen können. Also gaben sie den einzelnen Erscheinungen Namen und meinten, sie könnten mit diesen Namen und mit Opfergaben beeinflusst werden. Und es macht auch wirklich Sinn, einen Teil seiner Nahrung zu opfern oder den ersten Schluck zu vergießen, weil die Nahrung dadurch wertvoller wird und der Mensch sie mehr zu schätzen weiß. Es macht Sinn, ein großes Schwein einem Gott zu weihen, wenn man es danach selbst isst. So wie es Sinn macht, einen Krieger, der ohnedies bereits im Sterben liegt, einem Gott zu weihen, wenn man damit seinem Geist Frieden verschafft. Doch ohne Not ein lebendiges Wesen zu töten, egal ob Baum, Blume, Tier oder Mensch, nur zur Ehre dessen, der genau dieses Lebewesen erschaffen hat, das ist Dummheit. Und kein Gott, egal wie ihn die Menschen auch sehen, kann sich freuen über den Tod von etwas, dem er selbst doch das Leben geschenkt hat. Was es damit auf sich hat, dass Menschen imstande sind, sich selbst zu opfern, ihr eigenes Leben geringer zu achten als das Leben anderer, um eine Gemeinschaft zu schützen oder für ein Ideal wie Freiheit oder Recht, darüber wage ich Euch nichts zu sagen. Ihr seid ein großer Krieger, darüber wisst Ihr mehr als ich."

Die große Pranke hob sich und legte sich auf die Schulter des Druiden. Schwer und hart wie der Fels, auf dem sie saßen. In die Augen des Grünen Mannes war ein Leuchten getreten, das Argalan schon wieder unheimlich erschien.

„Es würde mich nicht wundern", meinte der Grüne Mann dabei, „wenn der Kopf nun wirklich zu sprechen beginnen würde. Denn einen so großen Meister wie Euch, Meister Argalan, den gibt es sonst nur in den Geschichten."

Aus der Stimme des Riesen drangen tatsächlich Freude und Hochachtung und verwirrten Argalan noch mehr. Warum wollte keiner seine Hilflosigkeit sehen, seine Unwissenheit und Unsicherheit. Warum sah jeder nur den großen Meister in ihm?

„Ich hoffe für Euch, dass Ihr Eure Weisheit bewahrt, wenn ihr Euch der Großen Prüfung stellt und nicht auch irgendwelchen abwegigen Ideen folgt."

Verwundert richtete sich Argalan auf.

„Die Große Prüfung? Ihr meint die Begegnung mit Århadha, dem Vater des Wissens? Nun, davon bin ich noch weit entfernt."

„Ihr seid der Prüfung sehr viel näher, als Ihr meint. Aber denkt daran, Argalan, Ihr müsst den Weg gehen, der Eurer ist. Folgt nicht den Pfaden, die andere gegangen sind, nur weil diese anderen Eure Hochachtung besitzen."

Argalan verstand nicht. Er blinzelte zu dem Schatten neben sich, kratzte sich in seinem schon stattlichen Bart und versuchte zu begreifen, worauf der Grüne Mann hinauswollte. Nur allmählich dämmerte es ihm. Wie ein Feuer aufflammt.

„Ich habe noch nicht darüber nachgedacht, mich der Großen Prüfung zu stellen", gestand er dann. „Darum weiß ich auch nichts über den Weg, den ich gehen werde. Mein Meister N'Gor-Round stellte sich dem Feuer und erhielt so seinen Namen. Ihr meint, es sei nicht klug, sich auch dem Feuer zu stellen?"

„Euer Meister ging durch das Round-a-N'Dor. Ihr habt sicherlich schon viele Geschichten über diese Prüfung gehört, aber habt Ihr je eine selbst erlebt?"

Argalan schüttelte den Kopf.

„Ich kenne diese Prüfung nur aus Erzählungen, und davon gibt es viele. Aber sie wird wohl nicht allzu oft angewandt."

„Immer noch viel zu oft!" Der Riese schüttelte sich missmutig. „Es sind Narren, die sich dieser Prüfung stellen. Narren, die glauben, sich über die Kraft der Elemente stellen zu können. Seid froh, wenn Ihr es noch nicht gesehen habt."

„Ich weiß nur, dass bei der Prüfung des Round-a-N'Dor

sich die Menschen dem Feuer stellen. Sie gehen hindurch oder müssen dem Feuer standhalten. Wie genau läuft es ab?"

Der Riese drehte den Kopf weg und sah in die nun fast vollkommene Finsternis neben sich. Es wirkte nun wirklich, als hätte der Stein begonnen, zu leben und sich zu bewegen. Nachdenklich betrachtete ihn der schlanke Druide, obwohl er kaum mehr sehen konnte als düstere Schatten. Endlich wandte sich der Grüne Mann wieder nach vorne, griff nach dem Sack, um ihn wieder zu verschließen, und atmete dabei tief durch.

„Zuerst hebt man eine flache Grube aus. In die Mitte kommt ein ordentlicher Stein, auf dem man sitzen kann, und eine Schüssel mit Wasser. Der Mensch sitzt auf dem Stein, hat seine Füße im Wasser und Erde in den Händen. Rund um ihn, am Rand der Grube, wird aus Bündeln mit Reisig, Ästen oder Stroh eine einfache Hütte errichtet. Manchmal nur ein Haufen, manchmal ein kunstvolles Gebilde. Das wird entzündet. Wenn es heruntergebrannt ist, ist die Prüfung vorbei."

„Das klingt nicht ungefährlich."

Der Riese schnaubte durch die Nase und es hätte beinahe ein Lachen sein können, wenn es nicht so wütend geklungen hätte.

„Nicht ungefährlich?", brummte er. „Die meisten Menschen lassen sich fesseln, damit sie nicht die Angst vor dem Feuer übermannt. Und ihre Schreie hallen dir noch tagelang im Kopf. Denn auch ohne Fesseln gibt es keinen Weg zu entfliehen. Wenn das Feuer herabgebrannt ist, ist die Prüfung vorbei – und die Prüflinge tot."

„Meister N'Gor hat überlebt."

„Habt Ihr jemals seinen Rücken gesehen, seine Schultern oder seine Beine? Es gibt einen guten Grund, warum er sich immer bedeckt. Als wir ihn aus der Asche zogen, war er bereits mehr in der nächsten Welt als in dieser. Er hat nur überlebt, weil seine Schwester ihn gepflegt und geheilt hat. Moohdanad war eine große Heilerin. Alles und jeden konnte sie heilen. – Nur sich selbst nicht."

Die letzten Worte kamen nur mehr geflüstert über seine Lippen, aber auch so war Argalan in heller Aufregung. So viele Jahre lebte er nun unter diesen Menschen, und nun das!

„Moohdanad? Die Schwester von Meister N'Gor, war das – war das Moohs Mutter? Eure Gefährtin! Dann ist er ..."

Der Riese schnitt Argalans aufgeregten Redefluss mit einem Winken seiner großen Pranke ab und seufzte: „Ich bin nur ein alter Mann, der müde ist und viel zu viel schwatzt. Ja, alt und müde bin ich. Kaum mehr fähig, meine Last zu tragen. Wenn der junge Narr da in dem Sack wüsste, wie recht er doch hatte! Aber der Grüne Mann muss leben. Er muss im Wald und mit dem Wald und für den Wald leben. Er muss dem Wald dienen und im Wald herrschen, denn der Wald ist die Welt und die Welt ist das Leben. Seine Aufgabe muss er erfüllen, so wie jeder seine Aufgabe erfüllen muss."

Es gab die Geschichte, dass Coilan nicht sterben konnten. Argalan wusste nicht, ob das stimmte oder nicht, aber alt und müde konnten sie werden. Alt und müde von zu viel Tod, zu viel Dummheit und zu viel vergeblicher Mühe. Wenn sie wirklich nicht sterben konnten, schoss es durch seinen Kopf, dann waren sie Wesen, mit denen er um nichts tauschen wollte. Die Stimme dieses Mannes klang so müde, dass Argalan den Impuls unterdrücken musste, nach seiner Hand zu greifen, um ihn zu trösten.

„Ich sollte Euch vielleicht eine kleine Geschichte erzählen", begann er stattdessen so nebenbei, und nun war es seine Handbewegung, die den Widerspruch zu Seite schob. „Ich habe Eure Tochter besucht und Ihr wisst sicherlich, dass der Sohn Eurer Tochter nun bei Eurem Bruder Gord ist und ihm hilft, die Ziegen zu hüten. Ich habe auch diese beiden besucht. Ein großer Junge ist er geworden. Als es dunkelte, befahl Gord dem Jungen, die

Ziegen zu sammeln, damit er sie ins Dorf zurückführen konnte. Und der Junge tat es. Warum auch nicht, es war seine Aufgabe. Doch wie tat er es! Als Gord ihm den Auftrag gab, da nickte er ruhig und verständig, erhob sich und stellte sich mit dem Gesicht zum Wald. Dort am Waldrand weideten die Ziegen. Er sagte kein Wort, er machte keine Handbewegung, er sah nur zu den Ziegen hin. Die hoben den Kopf, eine nach der anderen, meckerten ein wenig herum und kamen dann alle, ohne Ausnahme, zu ihm hingetrottet. Nur wenige Atemzüge später war die ganze Herde um uns versammelt."

Jetzt lag seine Hand wirklich auf dem Arm des Grünen Mannes und die Haut fühlte sich kalt und fest wie Rinde an.

„Das Leben, Meister des Coil", meinte Argalan leise, „das endet niemals. Aber es wandelt sich immer wieder neu."

Obwohl es schon sehr dunkel war, fand Argalan seinen Weg mit Leichtigkeit. Es schien, als hätte die Begegnung mit dem Grünen Mann ein wenig von dessen Fähigkeiten auf ihn übertragen. So dauerte es nicht lange, bis er bei seiner Hütte ankam.

Vor der Hütte blieb er noch einen kurzen Augenblick stehen und sah zurück auf den Wald, der in einem großen Kreis das weitläufige Gelände umgab. Dort drüben, an genau dieser Stelle würde in zwei Tagen die Sonne aufgehen. Das war ein besonderer Punkt. Der Ort des Alban Elued. Ab diesem Tag würden die Nächte wieder länger sein als die Tage. Die Dunkelheit würde wieder Macht über das Licht erlangen, die Kälte über die Wärme siegen. Unmerklich würde wieder eine dunkle Zeit beginnen, leise und verstohlen. Aber wie hart und grausam der Winter auch sein mochte, auch er würde wieder der Sonne weichen müssen. Weil im Leben nichts von Bestand war, weil alles immer wieder neu wurde.

Argan, sein Sohn, der reichte ihm kaum bis zur Schulter und hatte doch schon so viele Fragen, dass es für ein ganzes Menschenleben reichte. Herumtoben konnte er wie eines von Grods kleinen Zicklein und hatte doch manchmal die Augen eines uralten Mannes. Nein, Argalan sah in seinem Sohn immer noch das Kind. Doch das Kind fing große Fische mit bloßen Händen, war geschickt mit dem Messer und die Mädchen begannen verstohlen zu kichern, wenn er vorbeiging. Argan war kein Kind mehr. Noch kein Mann, aber auch kein Kind mehr.

Der große Mann wollte diesen Gedanken nicht mehr weiterdenken. Er streckte sich kräftig durch und atmete tief ein und aus. Dann trat er in die Hütte, in der sein Meister sicherlich schon auf ihn wartete. Obwohl auch draußen

Dunkelheit herrschte, empfand Argalan die Hütte erst mal als ein schwarzes Loch. Viel zu düster war es und nur langsam erkannte er im Glimmen des erlöschenden Feuers zwei Gestalten, die regungslos voreinander saßen. Er kannte die Versenkungen seines Meisters gut genug und er wusste, dass es nicht klug war, ihn anzusprechen, wenn er in der anderen Welt weilte. Also machte er sich schweigend und leise ans Werk. Ließ die Flammen in der Feuerstelle langsam aufflackern und ersetzte die abgebrannten Kienspäne, vorerst ohne sie zu entzünden. Allmählich konnte er mehr erkennen. Die beiden Männer saßen sich gegenüber und zwischen ihnen auf einem Hocker lag ein goldener Gegenstand, kaum größer als ein Handteller. Ein Stern des Lugh, wie Argalan mit kurzem Blick feststellte. Zwei gleich lange Balken, die sich kreuzten in einem Kreis. Sehr viel mehr als der Gegenstand interessierte ihn aber der andere Mann. Sein Gesicht war bartlos und sein Kopf kahl. Doch es war nicht die Kahlheit des Alters, obwohl der Mann nicht jung wirkte. Er schien sich nicht nur das Gesicht, sondern den ganzen Kopf geschabt zu haben. Neugierig betrachtete Argalan ihn und bemerkte aufgrund der frischen Kratzer, dass er sich den Kopf erst vor Kurzem geschabt haben konnte. Es wurde ihm schwer, die Augen von diesem Mann zu wenden, und daran waren nicht der kahle Kopf oder seine eigenartig drahtige Gestalt oder seine um die Schulter geschlungene Decke schuld. Seine Hautfarbe war so dunkel, wie Argalan es noch nie bei einem Menschen gesehen hatte. Irgendwo zwischen dem Braun der Eichenrinde und der Farbe des Lehms. Da schlug der Mann die Augen auf und sah Argalan unvermittelt, aber nicht überrascht an. Seine Augen waren schwärzer als die Kohlen, die der Schmied verwendete, und sein Blick war ruhig und neugierig.

„Du kannst jetzt auch die anderen Lichter anzünden", ließ N'Gor seine ruhige Stimme vernehmen, und während Argalan sich ans Werk machte, sprach sein Meister weiter.

„Unser Gast, den ich beschlossen habe, Sang zu nennen, da es mir nicht vergönnt ist, seinen Namen auszusprechen", er verneigte sich gegen seinen Gast, der grinste zurück und verneigte sich ebenfalls, „wird ein paar Tage bei uns bleiben. Dann wird er weiter der untergehenden Sonne folgen, um neue Völker und neue Länder zu sehen. Seid so gut und erzählt auch meinem Schüler von Euch, Meister Sang. Ich bin sicher, er brennt vor Neugierde."

Der braunhäutige Mann verneigte sich wieder und grinste und Argalan wusste nicht so recht, wie er darauf reagieren sollte. Doch dann begann der Mann zu sprechen. Er hatte eine volle, weiche Stimme, wie sie erfolgreichen Barden zu eigen war. Auch wenn er Bruchstücke jener harten Sprache benutzte, die den Stämmen in der Ebene Richtung Osten zu eigen war.

„Zuerst ich nennen Namen", sagte er und hob an, etwas zu singen, das mit ‚Sang' begann. Zumindest kam es Argalan so vor, als würde der Mann unbestimmbare Laute singen, er begriff aber auch, dass der Mann nur seinen unendlich langen Namen in der Sprache seines Volkes nannte.

„Ich Priester in Heimat. Gegangen, um zu lernen Welt. Nächster Winter ist zwei Hände meiner Reise", meinte er dann.

„Der zehnte Winter", verdeutlichte N'Gor.

„Von meiner Heimat ich gehen Richtung Kälte."

„Nach Norden."

„Bis große Berge. Berge immer weiß. Niemand kennt Weg darüber. Menschen dort sagen, Berge Götter. Pressen Atem aus Körper, wenn man zu nahe kommt. Menschen dann sehen aus wie Fisch, wenn ist nicht mehr in Wasser."

Jetzt lachte er wirklich und zeigte wenige, aber strahlend weiße Zähne.

„So ich gehen Richtung Sonnenuntergang. Immer entlang hohen Bergen. Kahles Land, armes Land. Wilde, aber gute Menschen. Dann Berge werden kleiner, Land wird fruchtbar, große Flüsse mit reicher Ernte. Menschen dort

wohnen in großen – großen Hütten aus Steinen. Steine bearbeitet und übereinandergelegt. Bis Mann verwunden hinter Stein. Dann Balken darübergelegt und wieder Stein auf Stein. Manche Gebilde so gebaut, dass eine Hand mal Mann über Mann! Reiches Land. Viel Gold, feine Stoffe, leichte Stoffe, gute Waffen – Menschen?"
Er verzog das Gesicht und überlegte während Argalan mit offenem Mund zuhörte.
„Menschen dort nicht böse, aber auch nicht gut", grübelte der kleine, braune Mann. „Menschen mehr sehen auf Gold als auf Menschen. Zu mir viel freundlich, aber untereinander – viel – viel ..."
„Eitelkeit?", fragte Argalan, und als ihn der Mann verständnislos ansah, ergänzte er: „Ehre wertvoll, Stolz wertvoll, wertvoller als Freundlichkeit, darum schlecht. Menschen meinen es nicht böse, aber sie können wegen Kleinigkeiten schnell böse werden."
Nachdenklich nickte der braune Mann und nahm das Wort in den Mund wie ein rohes Ei: „Ei-tel-keit." Noch ein paarmal wiederholte er das Wort, um es sich einzuprägen, dann meinte er: „Ehre gut. Stolz gut. Wenn Ehre und Stolz aber überlaufen, dann schlecht, dann Eitelkeit. Gutes Wort!"
Er verneigte sich gegen Argalan, wie es bei ihm

offensichtlich Sitte war, und Argalan erwiderte diese Verneigung automatisch.

„In reichem Land mit zwei Flüssen ich bleibe länger und sehe viele wundersame Dinge. Treffe viele Menschen aus anderen Ländern. Höre viel, erzähle viel. Dann ich gehe weiter Richtung Sonnenuntergang, weil weise Männer sagen, dort ist Wasser ohne Ende. Man nur können rechts gehen oder links, aber kein Weg über Wasser. Bis dorthin viele Tage totes Land. Sand und Fels. Nur wo Wasser aus Stein, dort Gras, dort Menschen. Hartes Land, harte Menschen. Ziehen von Wasser zu Wasser. Dann kommt großes Wasser. Nicht sehen andere Seite, Menschen aber sagen, andere Seite viele, viele Tagesreisen entfernt. Wasser auch nicht gut. Bitter. Wenn Menschen trinken, sterben, aber viele Fische. Menschen fangen Fische. Viele Fische, große Fische, gute Fische. Menschen sagen, Richtung Wärme großes Volk, reiches Volk, aber Land heiß und tot. Richtung Kälte auch großes Volk und Weg weiter Richtung Sonnenuntergang möglich. Ich gehen Richtung Kälte. Immer entlang großem Wasser. Nach ein paar Tagen immer noch entlang großem Wasser, aber gehen Richtung Sonnenuntergang. Wasser machen Knie. Gutes Land viele Tage, kleine Dörfer, große Dörfer, manchmal viel großes Dorf mit großer Mauer aus Stein.

Fürsten immer freundlich zu mir, bewirten mich gut, lassen weise Männer kommen, die mir erzählen, denen ich erzähle. Viele Geschichten kommen, viele Geschichten gehen. Auch in diesem Land ich viele Tage! Gehen von einem Fürst zum nächsten, bis wieder an großem Wasser. Männer sagen anderes Ende hier nur wenige Tage entfernt, aber ich nicht lieben Boot. Weiter Richtung Kälte anderes Ende noch näher. Dort können sehen anderes Ende. Ich gehen und sehen. Aber auch wenn sehen Land auf anderer Seite, trotzdem weit, trotzdem Boot. Fürst dort lachen und sagen, wenn ich noch bleibe ein, zwei Winter, dann sein Volk vielleicht bauen Weg über Wasser von hier nach dort. Ich nicht warten, nehmen lieber Boot. Andere Seite fast gleiches Land, fast gleiches Volk. Wieder viele Tage von einem Fürst zum anderen, viel gehört, viel erzählt. Immer sie mir sagen, Richtung Kälte ist großer Fluss, der fließt von Richtung Sonnenuntergang. Dort ganz anderes Volk wohnen. Viele Geschichten über Völker, die wohnen weiter an Rand von großem Wasser, auf Inseln. Nur wenig Geschichten über Völker, die wohnen entlang großem Fluss. So ich gehen Richtung Kälte, finden Fluss, gehen Richtung Sonnenuntergang. Flaches Land, reiches Land, dann Berge, dann wieder viel flaches Land. Treffe viele Völker entlang großem Fluss. Bald schon Menschen sprechen von Dunklem Wald, gefährlicher Ort. Viel böse Menschen dort, viel böse Tiere, viel böse Götter. Menschen gerne sprechen von Dunklem Wald, wenn erzählen Geschichten. Menschen nicht gerne gehen dorthin. Entlang großem Fluss Handelsweg, ich folge Fluss. Immer Fürst schickt mich zu Fürst, wenn ich habe Geschichte erzählt, wenn ich habe Geschichten gehört, wenn ich habe Volk gesehen. Auch in Dorf zuletzt hören viel, sehen viel. Auch böse Geschichten vom Dunklen Wald. Dann Fürst schicken weise Männer weg bis auf einen Druiden. Fürst befehlen, mich in Dunklen Wald zu bringen, ich erschrocken, aber Fürst und Druide lachen. Beide hier ausgebildet. Nehmen Wort aus meinem Mund, aus meinem Herz, dass nicht sprechen über Geheimnis von Dunklem Wald, bevor zu Hause. So ich jetzt hier. Hören viel, erzählen viel. Dunkler, böser Wald – gutes Versteck", nickte er und griff nach seinem Becher, um durstig von seiner langen Erzählung die letzten Schlucke daraus zu trinken. Automatisch stand Argalan auf und holte den abgedeckten Eimer mit frischem Wasser. Auf halbem Weg aber stockte er.

„Sollten wir unserem Gast nicht etwas anderes anbieten als Wasser?", fragte er, doch sein Meister winkte ab.

„Unser Gast vermeidet berauschende Getränke. Ich habe ihn schon gefragt, er sagt, er möchte so viel lernen wie möglich, und da ist ihm Wasser lieber."

Argalan nickte und füllte dem braunen Mann den Becher wieder, worauf dieser dankbar aufsah und gleich noch ein paar tiefe Züge tat.

„Wie lange werdet Ihr bei uns bleiben, Meister Sang? Die Kälte kommt früh in diesen Landen", setzte er seiner Frage noch hinzu und war sich klar darüber, dass die Hütte für drei eng werden würde. Aber im Austausch für die vielen Wunder, von denen er erfahren würde, erschien ihm dieser Preis nicht zu hoch.

„Ich bleiben eine Hand Tage", ließ der kleine, braune Mann Argalans Wünsche platzen. „Dann mich Führer bringen zurück zu Fürst. Wenn Geschichten stimmen, dann ich in ein oder zwei Monden weiter Richtung Sonnenuntergang wieder am großen Wasser. Man sagt, dahinter nur mehr ein paar Inseln. Zwei große, viele kleine. Dort ich bleiben Winter. Wenn Winter vorbei, ich gehen Richtung Wärme entlang großem Wasser. Zwei Hand Winter ich gehen von meinem Land weg. Wenn Winter vorbei, ich gehen in mein Land zurück. Viel habe ich zu berichten. Dunkler Wald bleibt verborgen, so habe ich gesagt! Inseln ich besuche vielleicht nächstes Leben. Wenn Boot mehr lieben."

Er grinste, aber Argalan sah es nicht.

„Eine große Insel, grün und reich. Mit weißen Felsen, die

in der Sonne glänzen."

Der dunkelhäutige Besucher und sein Meister sahen ihn überrascht an und er war zumindest ebenso erschrocken, als er bemerkte, dass er halblaut gesprochen hatte. Er blinzelte, schluckte und fasste sich dann ein Herz, von dem zu sprechen, was ihn seit Tagen beschäftigte.

„Man sagte, die große Insel gegen Westen, gegen Sonnenuntergang sei umgeben von hohen Felsen", begann er stockend. „Von weißen Felsen, die glänzen wie das Gold da, wenn die Sonne sie bescheint. Ich habe diese Felsen in der ersten Nacht gesehen, als ich hierherkam. Und ich sehe sie nun oft wieder, in den letzten Nächten."

Argalans Stimme war immer leiser geworden, aber N'Gor-Round nickte, als hätte er so etwas schon längst erwartet.

„Mit dem Samhuin-Fest beginnt die Zeit der Ruhe", meinte er gelassen, „und in dieser Zeit keimt das Wesen der neuen Dinge, die mit dem nächsten Kreislauf anbrechen."

Es war ihm unmöglich, die neugierigen Blicke ihres Gastes nicht zu bemerken. Neugierige Blicke, aus denen aber auch hohes Wissen und neugieriges Verständnis sprachen. Der kleine, braune Mann fühlte sich ertappt, wenn auch nicht im Bösen, und grinste.

„Euer Volk viel tiefes Verständnis", meinte er dazu, „viel Ahnen, mehr als Wissen. Viele Wunder in diesem Land."

„Ihr scheint selbst aus einem Land voller Wunder zu kommen", lenkte N'Gor-Round ein. „Sehr heiß soll es dort sein", erzählte er zu seinem Schüler gewandt, „und mit dichtem, teilweise undurchdringlichem Wald überzogen. Große und gefährliche Tiere leben dort. Schlangen, die ein ganzes Schwein verschlingen können. Gestreifte Waldkatzen, so schwer wie zwei Männer. Große Krieger und schöne Frauen."

„Und heilige Männer und finstere Mächte", lachte Argalan. Die beiden anderen Männer schlossen sich seinem Lachen an und sie gedachten der Unzahl von Geschichten, die sie schon gehört und die sie schon erzählt hatten. Immer war das Böse gewaltig, der Held unbezwingbar und die Frauen wunderbar schön.

„Das größte aller Wunder aber", N'Gor-Round hob den Zeigefinger, „das ist das Tier mit den zwei Schwänzen!"

Er reichte Argalan das goldene Schmuckstück, damit dieser es genauer betrachten konnte. Auf den Balken des Kreuzes marschierte eine Kette von Tieren miteinander verbunden. Gewaltige Hauer trugen sie wie mythische Eber und jeder in seinem Gesicht einen Schwanz, mit dem er sich am Schwanz aus dem Hinterteil des Vorderen festhielt.

„Letzten Winter", erzählt der braune Mann wieder, „ich war bei Volk am Fluss in flachem Land. Große Männer

geschickt mit Gold, viele reiche Sachen. Meister mit mir machen diesen Stern, weil er immer wieder hören wollte von den Tieren, die wir nennen …" Er hob wieder an, in seiner Sprache zu singen, besann sich dann aber und lachte.
„In eurer Sprache Name wohl sagen – große graue Waldgeister, die ohne Geräusch herrschen in den Wäldern, bereit zu helfen, bereit zu töten."
„Ihr habt lange Namen in eurem Volk." Argalan kam nicht umhin, diese Bemerkung zu machen, und sein Gast lächelte nur und verneigte sich wieder. „Und dieses Tier ist wirklich ein Wunder!" Argalan besah sich das Schmuckstück genauer.
„Nicht so großes Wunder, wenn sehen vor dir", winkte der kleine braune Mann ab. „Tier sehr viel wie euer Schwein, nur glatte, graue Haut, große Ohren und viel größer. So groß, dass Mann sitzt auf Schultern von Tier, wenn Arbeit oder wenn Kampf. Aber Nase vorne wie Nase von Schwein. Weich und beweglich. Nur immer länger gewachsen, weil Tier immer größer, damit können aufheben Früchte oder Äste von Boden. Wenn bei Menschen, guter Arbeiter, guter Freund. Wenn treffen in Wald, große Gefahr. Viel Kraft!"
Argalan schüttelte verwundert den Kopf und ließ seine Finger über das Relief auf dem Schmuckstück gleiten. So

wie es schon viele verwunderte Menschen vor ihm getan hatten. Und so, wie es noch viele nach ihm tun würden. Doch es mochte in ihm keine so rechte Bewunderung für die Wunder des Ostens aufkommen. Seine Gedanken gingen immer wieder nach Westen. Zu den weißen Felsen, die ihn riefen.

Samhuin

Den ganzen Tag über waren die dichten Wolken auf ihrem eiligen Weg schon am Himmel gezogen. Windig war es und die Kälte des beginnenden Winters drängte sich bereits merkbar in die Hütten.

Argalan war seinen gewohnten Beschäftigungen nachgegangen. Und wie alle Jahre hatten ihn auch diesmal die Tage vor dem Samhuin-Fest bedrückt. Es war die Zeit der frühen Schatten, der raschelnden Blätter und der huschenden Tiere. Alles Dinge, die nicht wirklich dazu angetan waren, Ruhe und Sicherheit zu verbreiten. Dazu kamen ihm die Gesänge und die Geschichten der Frauen und der Alten immer wieder in den Sinn, die rund um die Feuer erzählt wurden, seit er denken konnte.

Gesänge und Geschichten voller böser Mächte und dunkler, bedrohlicher Gestalten. Geschichten voller Schrecken, erzählt am zuckenden Feuer, angetan, die Jugend dicht zusammenrücken zu lassen.

Diese alten Geschichten und die Schreckensgestalten, die er sich in seiner Jugend ausgemalt hatte, waren es, was ihm um diese Zeit immer wieder durch den Kopf geisterten. Auch jetzt, als er aus dem Wald trat, war es nicht nur die Kälte, die ihn dazu trieb, den Kopf tiefer in seinem

Umhang zu vergraben und die Schritte schneller dem Dorf zuzuwenden.

So dauerte es einige Augenblicke, bis er die beiden Gestalten bemerkte. Schweigend und unbeweglich standen sie am Rande eines Feldes, wenige Schritte gegenüber der Stelle, an der er aus dem Wald gekommen war. Etwas erhöht über dem Bach, dem Argalan folgte, darum hatte er sie nicht gleich bemerkt. Sie verharrten still, die Kapuzen ihrer Umhänge tief über die Gesichter gezogen, sodass diese gänzlich im Schatten lagen. Trotzdem erkannte er sie sofort. Der gebeugte Mann in dem dicken, dunklen Umhang war Llaglard, der Führer der Gemeinschaft. Und daneben, der stämmige Mann in dem helleren Umhang, das konnte niemand anders sein als sein Meister N'Gor-Round. Sie sprachen ihn nicht an und machten ihm kein Zeichen. Also setzte Argalan seinen Weg ins Dorf fort. Es geziemte sich nicht, dass ein Schüler zu seinem Lehrer trat, wenn dieser mit dem Obersten etwas besprach. Vor allem, wenn er keinen besseren Grund hatte als seine närrische Unsicherheit.

Er dachte an die Aufgabe, die ihm der Meister gestellt hatte und wie wenig er davon verstanden hatte. Er dachte an das wärmende Feuer in der Hütte und er dachte daran, dass es nicht mehr lange dauern konnte, bis der erste ergiebige

Schnee fiel. Und dass das auch das Ende für die meisten der Gänse des Dorfes bedeuten würde.
Mit einem Mal wurde ihm bewusst, dass Llaglard neben ihm ging. N'Gor-Round ein wenig abseits. Und wieder war er von der Fähigkeit dieser Männer fasziniert, zu kommen und zu gehen, ohne bemerkt zu werden. Zwar war es nach all den Übungen auch für ihn nicht mehr ganz so unmöglich. Trotzdem faszinierte es ihn jedes Mal. Aber da sprach Llaglard bereits. Es war nicht viel, was er zu sagen hatte. Er bat nicht und er befahl nicht, er stellte nur fest, dass Argalan in dieser Nacht seinen Meister begleiten würde. Dann wandte er sich ab und ging seinen Weg weiter. Wie es Argalan schien, ernster als gewöhnlich.
N'Gor-Round war neben ihn getreten und sah dem Alten ebenfalls nach.
„Du weißt, was das zu bedeuten hat?", fragte er endlich.
„Ich werde das Samhuin-Fest nicht im Dorf feiern, denn ich habe gesehen, dass Ihr jedes Mal das Dorf verlassen habt."
N'Gor-Round sah den Bach entlang, ohne zu antworten. Mit seinen Gedanken schien er ganz woanders zu sein. Trotzdem sagte er nach einer langen Pause: „Du wirst Samhuin mit den Meistern feiern. Ich habe Llaglard gesagt, dass du so weit bist."
„Feiern die Meister denn das Fest anders als die Menschen

des Dorfes?"

In das sonst so harte und energische Gesicht seines Meisters zauberten seine Worte ein mildes und fast zärtlich weiches Lächeln. Er legte seine Hand auf die Schulter seines Schülers und sie setzten ihren Weg ins Dorf gemächlich fort.

„Oft schon habe ich dir gesagt, Argalan, dass die Kraft unserer Gemeinschaft darin liegt, dass jeder etwas so bekommt, wie er es benötigt oder wie er dessen bedarf. Wenn du heißes Wasser mit Kräutern kochst, dann gibst du es dem Schmied um vieles heißer als einem kleinen Kind. Es tut die gleiche Wirkung, es ist derselbe Inhalt. Und ist doch – anders. Die Menschen feiern das Fest, wie sie es eben sehen. Sie feiern das Ende des Jahres, die Vollendung des Kreises und sie gedenken der Ahnen. Deren guten und deren schlechten Eigenschaften. Ich habe dir aufgetragen, darüber nachzudenken, welche Eigenschaften deine Ahnen hatten. Ich habe dir aufgetragen, darüber nachzudenken, was du von deinen Ahnen in dir trägst und was du aus dem Leben deiner Ahnen lernen kannst und zu lernen bereit bist. Du wirst es brauchen, heute Nacht."

Dunkle, undurchdringliche Schatten saßen zwischen den Hütten, als die Druiden sich sammelten und aus dem Dorf gingen. Früher war es Argalan so erschienen, als hätten sie sich heimlich davongemacht, jetzt aber musste er bemerken, dass nichts Heimliches daran war. Und er sah, dass die Menschen des Dorfes sehr wohl bemerkten, dass die Druiden sich auf den Weg machten. Aber es begann gerade ein Festmahl, als gäbe es die nächsten Monde kein Fleisch mehr, und jeder schien bestrebt so viel wie möglich davon zu erhaschen. Und natürlich waren die Wortgefechte der Krieger um die höchste Ehre und damit um das beste Stück wieder voll im Gange und zogen so alle Aufmerksamkeit auf sich. Aber es schien ihm doch, als würden die Menschen ganz bewusst wegsehen. Als brächte es Unglück über das Dorf, über die Schüler und Diener, den Gang der Druiden zu bemerken.

Den bekannten Weg auf die Hochebene ging die kleine Gruppe der Meister und nur zwei Fackeln, eine an der Spitze und eine am Ende des Zuges, leuchteten ihrem Weg. Der Wind zerrte wild an ihren weißen Zeremonienkleidern und ihren Umhängen und niemand brach das Schweigen. Die Hochfläche überquerten sie bis zum vorletzten Steinhaufen. Daran duckte sich eine Hütte, die so gut wie nie benutzt wurde, und vor dem Eingang erwartete sie schon eine Gestalt. Argalan war inzwischen so aufgeregt, dass er nicht fähig war zu erkennen, wer in dem dicken

Umhang steckte, aber er hätte sich nicht gewundert, wenn es sich um einen der verstorbenen Meister gehandelt hätte und wenn in der Hütte noch mehr auf sie warten würden. Und was, wenn es nicht nur die Ahnen waren, was da auf sie wartete? Die Tore zur Anderwelt standen weit offen!

Ein Zittern lief durch seinen Körper, aber die Gestalten vor ihm gingen ruhig weiter, nahmen aus den Händen der wartenden Gestalt etwas entgegen und betraten die niedrige Hütte. Er fühlte, wie auch ihm etwas Glattes in die Hände gedrückt wurde, er fühlte sich in das lichtlose Dunkel der Hütte gezogen und wie jemand seinen Arm ergriff, ihn an einen Platz stellte und ihm schweigend zu verstehen gab, sich zu setzen. Ein Rauschen wie von Horden kleiner Tiere vermeinte er in seinen Ohren dröhnen zu hören. Ein Getrampel wie von unzähligen Wesen.

Allmählich wurde es still in der vollkommenen Dunkelheit. Nur hin und wieder ein leises Knarren, wenn einer der Männer in dem Kreis sich bequemer setzte. Dann herrschte wieder Stille. Die unterschiedlichsten Gedanken durchstreiften seinen Kopf in dieser dunklen Stille. Keiner davon ließ sich festhalten. Und keiner war es wert, festgehalten zu werden. Trotzdem konnte er nicht verhindern, dass seine Gedanken in der Dunkelheit und in der Stille immer wieder in weite Fernen schweiften und ihn erschreckten. Irgendwann in der zeitlosen Stille erinnerte er sich endlich, was er gelernt hatte. Er sammelte seinen Geist und wurde ruhiger. Noch immer kamen die Gedanken und gingen auch wieder. Aber sie berührten ihn nicht mehr. Noch immer drangen die Eindrücke von außen an seine Sinne, doch sie erreichten ihn nur mehr sehr gedämpft. Stunden, Tage, ja ganze Monde konnten kommen und vergehen. Oder schon vergangen sein.

Der erste Lichtschein, der aufflammte, brannte sich wie ein schwirrender Pfeil in seine Augen und er schloss sie schnell. Es war das Licht vor Llaglard. Fast gegenüber von Argalan erhob er sich langsam und breitete die Arme aus. In seinem dunklen Umhang wirkte er wie ein Berg in der Ebene.

„Ich bin der Norden. Ich bitte die Erde um ihre Beständigkeit. Die Erde, die uns trägt und schützt und birgt."

Ein zweiter Mann erhob sich, als sein Licht aufflammte, nun rechts von Argalan. Der aber hatte sich von seiner ersten Überraschung bereits erholt.

„Ich bin der Osten. Ich bitte den Wind um seine Klarheit. Den Wind, der uns antreibt und aufwühlt und Trübes vertreibt."

Nun erhob sich N'Gor-Round links neben seinem Schüler,

nachdem er sein Licht entzündete hatte, und breitete ebenfalls die Arme.

„Ich bin der Süden. Ich bitte das Feuer um seine Kraft. Das Feuer, das uns klärt und härtet und uns Erkenntnis bringt."

„Ich bin der Westen. Ich bitte das Wasser um seinen Willen. Das Wasser, das niemand aufhalten kann, das alles umfließt und das alles durchdringt."

Nun erhoben sich zwischen den Männern, einer um den anderen, noch vier weitere Gestalten und breiteten ebenfalls ihre Arme.

„Gedenke Imbolic!", begann der Erste. „Aus dem Mutterleib wie aus dem Schoß der Erde kommen wir. Ungeschützt und frierend im ersten Wind des Lebens."

Nun war Argalan an der Reihe. Er musste nicht überlegen. Die Formeln des Weltkreises waren ihm seit frühester Jugend geläufig. „Gedenke Beltane!", begann er. „Aus dem Ungestüm des Windes und aus der verzehrenden Leidenschaft des Feuers ist das Leben geformt."

„Gedenke Lughnasadh! Aus der Hitze des Feuers und aus dem Willen des Wassers schaffen wir unsere Taten, die reifen wie die Früchte des Feldes."

„Gedenke – Samhuin!"

Es war die alte Tranat, die Oberste der Wiccas, die es sonst vermied, unter die Menschen zu kommen. Nun stand sie da, die dürre Gestalt eingehüllt in ihren schwarzen, viel zu großen Umhang, doch sie sprach nicht weiter. Und keiner der Anwesenden wunderte sich darüber. Stattdessen nahmen die Stehenden die Arme herunter und setzten sich wieder schweigend. Ein Kreis der Acht, die gesprochen hatten. Dahinter erkannte Argalan einen weiteren Kreis aus Druiden und Wiccas. Endlich brannte vor jedem das Licht, das sie am Eingang bekommen hatten. Ein jeder hatte es in Armlänge vor sich hingestellt und sah nun schweigend in die Flamme, als die Alte in ihrer eigentümlich singenden Art wieder zu sprechen begann.

„Diese Nacht ist Samhuin. Lasst die Menschen draußen feiern und sich vor den Wesen aus der Anderwelt fürchten. Wir wissen, dass der Kreis sich heute schließt. Wir treten ein in das Reich der Erde. Verharren wie das Samenkorn und warten auf das neue Jahr. Also gedenkt. Gedenkt des vollendeten Jahres. Gedenkt eurer Taten, der guten wie der bösen, und gedenkt der Dinge, die ihr hättet tun sollen. Im Guten wie im Bösen. Gedenkt der Jahre, die diesem vorangegangen sind. Und gedenkt der Lehren und der Erfahrungen, die euch jene Jahre brachten. Der guten und der bösen. Gedenkt eurer Ahnen, die in langer Reihe hinter euch stehen, einer die Hand auf der Schulter des vorderen, und euch all ihre Kraft, all ihr Wissen, all ihre Erfahrung anbieten. All ihre Liebe, all ihren Hass. Gedenkt der Mächte, die am Grunde eurer Herzen leben und euch lenken. Der lichten und der dunklen. Blickt den Geistern eurer Wünsche und eurer Begierden ins Gesicht und nennt ihre Namen, auf dass ihr sie beherrschen mögt. Kämpft gerade heute den ewigen Kampf mit den einzigen Mächten, die dem Menschen gefährlich werden können – den Mächten in seinem Herzen."

Allmählich verschwand die Hütte, verschwanden die Menschen rund um ihn. Nur noch die Flamme von ihm gab es auf der ganzen Welt. Und in ihr war die ganze Welt. Die ganze Welt seines Herzens. Wunderschön und doch auch erschreckend und bedrohlich. Der Kreis hatte sich geschlossen. Doch Argalan war sich mit einem Mal klar darüber, dass es nicht nur der Kreis eines Jahres war, der sich geschlossen hatte. Ohne sagen zu können, wieso und woher, war ihm mit einem Flackern der Flamme bewusst, dass sich sein Aufenthalt in dem Dorf im Dunklen Wald dem Ende entgegenneigte. Irgendwo an seiner Seite, vielleicht nur eine Armlänge, vielleicht viele Tagesreisen entfernt saß der Mann, an dessen Seite er nun seit Jahren lebte und der ihn Schritt für Schritt geführt hatte zu dem heutigen Tag. Irgendwo weit entfernt saßen die Menschen, die geduldig über viele, viele Monde hinweg seine Fragen beantwortet hatten und ihn mit ihren Aufgaben herausgefordert hatten. Keiner von ihnen war perfekt, und doch gab jeder von ihnen das Beste, um dem Schüler auf seinem Weg zu helfen. Der braunhäutige Fremde hatte seine Augen endgültig dafür geöffnet, warum das Dorf gerade hier stand. Das lag auch am magischen Wald, dem Wald der Coilan, die er noch immer nicht zu begreifen vermochte. Doch der düstere, von Geheimnissen umrankte Wald war ein besserer Schutz für die Weisheit der Schule, als jedes Schwert und jeder Wall es je sein konnten. So wie die Spatzen sicher in den Hecken saßen, mitten unter ihren Feinden, so saßen die weisen Männer und Frauen sicher im Dunklen Wald.

Wie die Spatzen in der Hecke, so wie der kleine Spatz, der vor ihm hüpfte. Nein, das war kein Spatz und er hüpfte nicht. Eine Amsel stand da vor ihm, glänzend im schwarzen Gefieder, und beäugte ihn neugierig. Die Amsel, die Wächterin der Übergänge, sie schien ihn spöttisch anzugrinsen. Da wandte sie sich ab und schlüpfte in den engen Eingang eines Erdloches. Taten das Amseln? Argalan war drauf und dran, ihr zu folgen, um zu sehen, was ihn erwartete. Doch nur ein feines Lächeln legte sich auf sein Gesicht. Er hatte seinen Weg gewählt.

Die Geburt des jungen Herrn

Was der Hirschgott und die Erdgöttin im Frühjahr gezeugt hatten, das erwies sich in diesem Winter als außerordentlich pünktlich. Heute war der junge Prinz zur Welt gekommen und hatte diese ordentlich schreiend und strampelnd begrüßt. An diesem Tag, dem Alban Arthuan, wendete sich auch das Jahr, das Licht wurde wiedergeboren, die Tage würden wieder länger werden und Wärme und Leben würden wieder in die Welt einziehen.
Ganz im Gegensatz zu der erstarrten Welt aus Eis und Schnee und klirrender Kälte, durch die Argalan da stapfte. Zum Glück hatte er nicht allzu weit zu gehen. Schon bald entdeckte er am Flussufer eine dunkle Gestalt und stapfte in der ausgetretenen Spur darauf zu. Llaglard saß dick eingemummt am Ufer und angelte mit einem Faden in einem Eisloch. Nicht ganz ohne Erfolg, wie die beiden steif gefrorenen Leiber neben ihm zeigten.
„Meister", sprach ihn Argalan vorsichtig an, um ihn nicht allzu rüde aus seinen Betrachtungen zu schrecken, „der Arthuan ist geboren. Es ist ein Junge."
Der alte Mann am Flussufer seufzte nur und Argalan war sich nicht sicher, ob der inzwischen doch schon ziemlich gebrechliche Meister ihn wirklich gehört hatte. Als er die

Nachricht schon wiederholen wollte, da schüttelte der Alte doch den Kopf und seufzte noch einmal.

„Schade", meinte er dabei leise. „Sie hatte sich so sehr eine Tochter gewünscht."

Argalan schien wütend zu stampfen, doch er tat es nur, um die Kälte aus seinen Füßen zu vertreiben. Aber er verstand nicht.

„Wie konnte sie sich eine Tochter wünschen? Sagt man nicht, der Krieger, der zur Wintersonnenwende geboren wird, der wird die Menschen von aller Not und allem Leid befreien?"

„Wer sagt, dass ein Krieger ein Mann sein muss?"

„Große Kriegerinnen gibt es nur in den Geschichten", widersprach Argalan missmutig durch die Kälte und weil das Gespräch eine andere Wendung nahm, als er gehofft hatte. Nachdenklich sah er dem weißen Nebel seines Atems nach. „Oder habt Ihr jemals eine gesehen?"

„Wer sagt dir, dass es gerade ein Krieger oder eine Kriegerin sein müssen, die Not und Leid von den Menschen abwenden?"

Diesmal überlegte Argalan länger, musste sich aber eingestehen, dass er zu keiner befriedigenden Antwort kam. Also meinte er: „Es stellt sich die Frage, warum es überhaupt Not und Leid unter den Menschen gibt."

„Ah!", meinte der alte Meister und sah sich endlich um. „Eine der großen Fragen. Die Frage nach dem Leid auf der Welt. Und kein Mensch wird sie dir beantworten können. Denn wie so oft liegt die Wahrheit bei dir selbst. Nur du kannst erkennen, was Wahrheit ist. Deine Wahrheit für diese Stunde. Morgen, oder schon im nächsten Augenblick, da kannst du etwas erkennen, das deine Wahrheit dumm und kindisch aussehen lassen kann. Dann kommt es darauf an, ob du ein Weiser bist oder nicht."

„Was tut ein Weiser dann?"

„Ein Mensch wird seine schwer errungene Wahrheit verteidigen. Er wird seine neue Erkenntnis lieber vergessen, als seine geliebte Wahrheit auch nur zu überdenken. Der Weise wird dankbar für die neue Erkenntnis sein, seine alte Wahrheit zerschlagen und sich aus den Bruchstücken eine neue schaffen."

Eine Weile stand Argalan stumm da und stapfte immer wieder herum. Die Kälte kroch schon an seine Knie und doch wollte er noch nicht gehen. Endlich fasste er allen Mut zusammen und sprach den alten Mann noch einmal an.

„Meister Llaglard", begann er vorsichtig, „ich wollte Euch fragen, ob es möglich wäre, also Imbolic wäre ein guter Zeitpunkt. Ich meine, ich wollte Euch fragen …"

Lange atmete er aus und sah den weißen Hauch aufsteigen,

sah in den stummen Wald und dann auf die zusammengekauerte Gestalt vor sich.

„Ich möchte die Große Prüfung, Meister Llaglard", meinte er endlich ruhig und fest. „Ich glaube, die Zeit ist gekommen, dass ich eine Entscheidung treffe."

„Ihr habt ein Element gewählt, Meister Argalan?" Die Stimme des alten Mannes klang ruhig und ohne Überraschung. Es war eine einfache Frage.

„Ich wähle die Erde", entgegnete Argalan. „Eine Amsel wies mir zu Samhuin den Weg."

Der alte Mann nickte und meinte: „Eine gute Wahl. Wind und Wasser sind unangenehme Elemente. Und das Feuer, nun, das Feuer ist eigentlich kein Element, sondern nur der Übergang der Elemente. Nicht dass die Prüfung der Erde angenehm und leicht wäre. Es ist einfach eine gute Wahl."

Jetzt nickte Argalan und gestand sich ein, dass er seine Füße kaum mehr fühlte.

„Vor Imbolic", meine Llaglard weiter, „wenn die Zeit der Erde sich wieder dem Ende zuneigt, da werdet Ihr Eure Prüfung haben. Doch zuvor hätte ich noch eine Bitte an Euch, Meister Argalan."

Jetzt wandte er sich vollends um und grinste breit und zahnlos.

„Helft Ihr mir ins Dorf zurück? Nur ein alter Narr wie ich

kann auf die Idee kommen, bei der Kälte im Schnee zu sitzen und auf Fische zu warten!"

Im Bauch der Erde

Es konnte gerade mal ein paar Atemzüge her sein, seit das letzte Licht verloschen war. Länger war es unmöglich. Andererseits knurrte sein Magen, dass die engen Wände davon widerhallten. Gut, er hatte Tage lang nichts zu sich genommen, bevor er in den Bauch der Erde gestiegen war. Drei Nächte und zwei Tage dauerten die reinigenden Zeremonien. Dabei war es verboten, feste Nahrung zu sich zu nehmen. Nur Wasser und Kräutersud hatte er getrunken. Auch an Schlaf war in dieser Zeit kaum zu denken. Umso mehr überraschte es Argalan, dass er jetzt nicht schlafen konnte. Eigentlich hätte er umfallen müssen wie ein Stück Holz und schlafen. Aber dazu war er zu aufgeregt.

Gegen Osten waren sie gezogen. Für Meister Llaglard war die Reise beschwerlich gewesen, aber er hatte es sich nicht nehmen lassen. Auch aus diesem Grund hatten N'Gor-Round, Nix und einer der jungen Schüler ihn und Argalan begleitet. Auch Mooh war mit ihnen gekommen und hatte für sie gesorgt. Doch sie hielt sich gegen ihre Art im Hintergrund und kam Argalan niemals nahe. So wie er kannte auch sie den Zweck dieser Reise. Aber es war einfach gut zu wissen, dass sie da war. Sie waren gegangen, bis das Land steil abfiel und dann fast flach wurde. Die

Dörfer am Rande des Waldes hatten sie gemieden und von deren Bewohnern wurden sie nicht beachtet. Am Abend des dritten Tages waren sie bei einem der Eingänge in den Bauch der Erde angelangt und von dem Druiden empfangen worden, der hier die Aufsicht hatte. Am Morgen des vierten Tages, kurz bevor die Sonne begann, den Himmel zu erhellen, war Argalan in den Bauch der Erde hinabgestiegen. Einen engen Gang war er gekrochen. Unten angekommen, konnte er beinahe aufrecht stehen, er konnte ein paar kleine Schritte im Kreis herum machen, und es gab sogar einen Sitz in die Wand geschlagen, auf den er sich setzen konnte. Um vieles älter als die ersten Druiden waren diese Gänge in der Erde und die Finsternis war vollkommen, wenn das letzte Licht verloschen war. Vollkommen wie die Stille.

So hatte er geglaubt und so war es am Anfang auch gewesen. Doch in einer Weise, die er weder begreifen noch beschreiben konnte, begann sich der enge, unterirdische Raum zu verändern. Zuerst hatte es keinen Unterschied gemacht, ob er die Augen offen oder geschlossen hatte. Jetzt konnte er nicht mehr sagen, ob sie offen oder geschlossen waren. Trotzdem begann er Konturen wahrzunehmen. Der Raum schien sich zu dehnen und zu verändern. Als würde er atmen. Und mit einem Mal war sich Argalan sicher, dass er nicht mehr allein war. Hinter ihm, links hinter ihm stand jemand. Fast meinte er den Atem der Person in seinem Nacken zu fühlen. Sein Verstand begehrte auf und meinte vermelden zu müssen, dass dort hinter ihm nur die Wand der lehmigen Erde war, doch auch sein Verstand schien sich nicht mehr so ganz sicher zu sein.

„Wer – wer seid Ihr?", krächzte Argalan in die Stille.

Und erhielt keine Antwort.

Oder doch?

Argalan hatte nichts gehört und war sich doch nicht sicher, ob da nicht eine Antwort gewesen war. Ganz leise, vielleicht.

„Wer seid Ihr?", fragte er noch einmal, lauter, erregter.

Wieder keine Antwort. Und wieder die Erinnerung, dass jemand doch eine Antwort gegeben hatte. Irgendwie. Irgendwann.

Wer konnte in der vollkommenen Dunkelheit und dieser vollkommenen Stille, im Bauch der Erde bei ihm sein?

Wen hatte er denn erwartet?

Erwartet hatte er, dem großen Århadha zu begegnen.

Dem Århadha? Der ist schon lange tot. Und er wird nicht wiederkommen. So ist der Lauf der Welt.

So ist der Lauf DIESER Welt. Aber die Anderwelt hat ihre

eigenen Gesetze. Und ein so großer Meister wie Meister Århadha hat sicherlich einen Weg gefunden, mit seinen Schülern auch nach seinem Tod zu sprechen.

Århadha war ein Mensch wie andere Menschen auch. Vielleicht erkannte er ein wenig mehr. Vielleicht verstand er ein wenig mehr von der Welt um ihn. Aber trotz allem war er in Wahrheit doch nur ein Mensch. Mit all den Freuden eines Menschen und all seinem Leid.

Ihr wisst sehr viel über den Århadha.

Ich weiß nur, was auch Ihr wisst. Und was Ihr ahnt und vermutet.

Und was davon ist richtig? Was ist die Wahrheit?

Der Wahrheiten gibt es viele. Eine für jedes Wesen. Und Ihr kennt Eure.

Und was ist Eure Wahrheit? Warum leiden die Menschen? Warum sind sie so, wie sie sind?

Die Menschen sind, wie sie sind, weil sie in erster Linie nicht mehr und nicht weniger Tiere sind, wie der Hirsch, der Eber oder die Ameise. Jedes in seiner Art so vollkommen wie nur möglich. Und doch trägt jedes, nach seiner Art, die Möglichkeit in sich, sich weiterzuentwickeln. Die Menschen meinen etwas anderes zu sein, etwas Besonderes, aber das meinen sie nur. In meiner Wahrheit sind sie somit weniger. Weil sie mehr zu sein meinen. Weil sie an ihr Wissen glauben, aber nicht wissen, dass sie nur glauben. Du willst erfahren, was meine Wahrheit über das Leiden sagt? Dann sieh dir den Fluss an, der durch den Wald führt, er ist ein gutes Bild. Noch niemals zuvor hat dieser Fluss so ausgesehen wie gerade jetzt und niemals wieder wird er so aussehen. Ständig ist er in Bewegung, ständig ist er in Veränderung. Jede einzelne Welle des Flusses verändert sein Aussehen. Dieser Fluss ist aber nichts anderes als alles Leben in dieser Welt. Und der Århadha ist eine von vielen kleinen Wellen darauf. Diese kleine Welle Århadha besteht wiederum aus vielen kleinen Tröpfchen, die früher Teil von anderen Wellen waren. Sie alle haben ihren Ursprung in der Quelle. Manche dieser Tröpfchen erreichen jenen Ort, von dem man sagt, dass dann nur mehr Wasser ist, und kehren von dort niemals mehr zurück. Auf ewige Zeiten sind sie aufgegangen in der großen Gemeinschaft. Viele aber kehren wieder zurück. Vielleicht wollen sie den Lauf noch einmal machen, vielleicht müssen sie es, vielleicht steht dahinter ein mächtiger Wille, vielleicht ein unwandelbares Gesetz. Aber jede Welle, die den Fluss hinunterläuft, besteht auch aus alten Tröpfchen. Viele sind gut, viele sind böse. Je nachdem, was schwerer wiegt, so wird der Lauf der Welle sein. Ruhig und gemächlich kann sie in der Mitte ziehen.

Schmerzhaft und zerfetzt kann sie sich an den Ufern schrammen. Bis sie vergeht und sich aus den Tröpfchen wieder neue Wellen bildet. Wir wissen nicht mit Sicherheit, ob auch die anderen Tiere diese Fähigkeit besitzen, aber der Mensch hat die Macht seines Willens. Es liegt in seiner Entscheidung, ob er das Flussbett tiefer gräbt um den nach ihm kommenden Wellen den Weg zu erleichtern oder ob er das Ufer zum Einsturz bringt und seine Brüder und Schwestern vom großen Ziel fernhält. Natürlich wird eine Welle, die nur aus bösen Teilen besteht, sich schwer dabei tun, etwas Gutes zu vollbringen, aber so wie im trockensten Moos noch immer ein Tropfen Wasser ist, so gibt es nichts, was nur böse ist. So gibt es nichts, was nur gut ist. Wenn Wesen leiden, so sind das die Auswirkungen der Taten eines Teiles von ihnen. Doch in Wahrheit ist es unwichtig, ob eine Welle für den Fluss des Lebens arbeitet oder dagegen. Je mehr Gutes getan wird, umso ruhiger und breiter mag der Fluss für immer mehr Wellen werden – und hat doch noch immer unruhige Ufer, die um nichts kürzer geworden sind. Es ist nicht das einzelne Tröpfchen, das zählt, nicht die einzelne Welle. Es ist der Fluss als Ganzes. Es ist nicht mehr der Kampf Welle gegen Welle, es liegt in der Natur der Zeit, dass die Wellen erkennen, dass sie nur gemeinsam und miteinander das große Ziel erreichen. Denn der Fluss fließt, auch wenn die Wellen es nicht sehen.

So wie der große Århadha gelehrt hat, dass die Namen der Götter unwesentlich sind, weil es doch immer nur das Eine ist, was sie beschreiben.

So ist das Leben des Einzelnen unwichtig im Strom des Lebens und doch das Einzige, was zählt.

Argalan veränderte seine Lage, um seinen schmerzenden Rücken zu entlasten. Das Wesen blieb aber unsichtbar hinter seiner Schulter.

Was gesagt wurde, das ist eine Wahrheit. Glatt und glänzend sieht sie aus, doch nur, weil sie Jahr für Jahr geschliffen und bearbeitet wurde, so wie der Fluss den Kiesel schleift. Und nicht nur das Wasser des Flusses schleift die Kiesel, auch die anderen Kieselsteine, an denen er sich reibt, die formen ihn. So wie deine Wahrheit sich an den Wahrheiten der anderen Menschen schleift und formt. Und das kommt niemals zu einem Ende.

Es gibt noch so viele Fragen! Sie drehen sich im Kreis.

In jedem Menschen wartet eine unendliche Zahl von Fragen. Die Antworten dazu trägt aber auch jeder Mensch in sich.

Argan.

Er ist beim Grünen Mann. Und beginnt seinen Zyklus als Lebender Baum.

Wird er ...

... der nächste Grüne Mann? Vieles spricht dafür.

Mooh.

Die weißen Klippen. Immer wieder.

Århadha.

Ist nicht mehr hier. Und darum überall.

N'Gor-Round.

Llaglard.

Zu viele Fragen!

Zu viele Wege.

Zu viel Dunkelheit!

Zu viele Gedanken.

Etwas Warmes zwängte sich zwischen seine Lippen und er presste sie instinktiv zusammen. Dieses Etwas zwängte sich auch zwischen seine wirrenden Gedanken und schreckte ihn auf. Das Warme, Harte verschwand wieder, aber ein würziger Geschmack blieb auf seinen Lippen zurück. Automatisch leckte er danach und fühlte, dass etwas sein Gesicht bedeckte. Er selbst lag, konnte sich aber nicht daran erinnern, sich ausgestreckt zu haben. War es in der engen Höhle überhaupt möglich, sich hinzulegen? Umständlich tastete er nach seinem Gesicht und fand ein Stück dickes Tuch. Vorsichtig wollte er es hochnehmen, doch kaum dass er es bewegte, drangen gleißend helle, heiße Speere in seine Augen. Schnell presste er das Tuch wieder auf sein Gesicht.

„Immer mit der Ruhe. Deine Augen werden sich schnell wieder an das Licht gewöhnen."

Es war Moohs Stimme, die in seinen Ohren dröhnte, und wie immer schwangen darin liebevolle Sorge und ein wenig Spott. Wieder leckte er unbewusst nach seinen Lippen.

„Möchtest du ein wenig von der Brühe?", fragte sie. „Du solltest etwas essen."

Argalan versuchte sich aus seiner halb liegenden Stellung aufzusetzen und fand es beinahe unmöglich, wären da nicht helfende Hände gewesen. Augenblicklich drang rosa flackernder Schimmer durch das Tuch, also schloss er die Augen fest und nahm das Tuch weg. Eine warme Schale wurde ihm in die Hand gedrückt und er trank gierig davon. Erst jetzt bemerkte er, wie schwach er war. Kaum halten konnte er die kleine Schale.

„Wie – warum bin ich schon wieder hier oben?"

Er blinzelte nach dem kleinen Feuer in seinem Rücken und bemerkte nun, dass Nix ihn gestützt haben musste. Am Feuer saßen die drei alten Druiden und sahen zu ihm hin, der junge Schüler kümmerte sich um den Topf darüber, Mooh kniete vor ihm und Nix stützte ihn noch immer ein wenig. Dabei lachte der und meinte: „Schon wieder heroben ist gut."

„Du warst einen Tag, eine Nacht und noch einen ganzen Tag im Bauch der Erde", erklärte N'Gor-Round, stand auf und kam zu ihm hin. „Nix wollte dich schon holen, aber du bist ihm bereits entgegengekommen."

„Ich – ich kann mich nicht erinnern", stammelte Argalan verwirrt, und jetzt lachte der Druide des Einganges.

„Kaum einer kann sich daran erinnern, wie er wieder herausgekommen ist. Aber es ist auch noch keiner zu lange drinnen geblieben", meinte er freundlich. „Zumal die meisten sehr schnell wieder zurückkommen. So lange wie Ihr waren nur sehr wenige im Bauch der Erde, Meister Argalan."

„Es gab viel zu bedenken", murmelte Argalan und drehte die leere Schale unschlüssig in den Händen. Mooh nahm sie ihm schweigend ab, um sie wieder zu füllen. Dabei bemerkte er, dass sie ihr Schwert trug. Sie wiederum sah seinen Blick und grinste einseitig.

„Die Welt hier ist nicht so friedlich wie bei uns zu Hause", meinte sie und sah dabei zu N'Gor-Round, der nun neben Argalan stand.

„Man muss schon sehr arm sein, wenn man auf die Idee kommt, dass man bei uns etwas stehlen könnte", grinste der zurück. Auch Nix grinste und strich über seinen Stab neben ihm, der ein paar neue Scharten aufwies. Wie auch seine kräftige Brust ein paar frische Schrammen hatte.

„Aber jetzt erzählt, Meister Argalan", forderte er ungeduldig, übermannt von seiner Neugier. „Was habt Ihr ..."

„Schweig!"

Llaglard hatte Hand und Stimme erhoben. Zum ersten Mal, seit Argalan wieder zurückgekehrt war.

„Was gesagt wurde, das wurde zu Meister Argalan gesagt. Nur für Meister Argalan. Niemanden sonst betrifft es, niemanden sonst interessiert es."

Argalan sah von einem zum anderen und wusste, dass der alte Mann unrecht hatte. Jeden hier interessierte es und die meisten von ihnen betraf es auch. Mit seinem Meister N'Gor-Round verband ihn eine Freundschaft, die tiefer war als selbst die Bindung zu seinem Vater. Was einen von ihnen betraf, das betraf auch den anderen. Meister Llaglard war alt und würde bald von seinem Posten als Oberhaupt zurücktreten. Eigentlich wollte er das schon länger, aber da war niemand, den er als Nachfolger für würdig hielt. Manche im Dorf sahen in Argalan schon Llaglards Nachfolger, sogar N'Gor-Round dachte so und ließ es auch anklingen. Und Mooh? Obwohl sie nicht zusammenlebten, wusste doch jeder so gut wie sie beide, dass sie zusammengehörten. Sie erwartete, dass er wegging, und wusste doch auch, dass ihr die Trennung das Herz zerreißen würde. So wie ihm. Und sie wusste, dass er wusste. Jeden hier interessierte es, jeden hier betraf es. Und dann war da noch Argan, sein Sohn. Wie würde er es aufnehmen, wenn sein Vater einfach wegging?

„Die Entscheidung ist gefallen."

Es war N'Gor-Round, der sprach. Schweigend hatte er seinen Schüler, den er nun durch viele Jahre kannte, betrachtet und entdeckt, was er schon länger vermutet hatte. Dieser Mann mit den kaum sichtbaren grauen Fäden im langen Bart, der dort blinzelnd und schwach im Licht des Feuers hockte, der war schon lange kein Schüler mehr. Jetzt wandte Argalan den Kopf und sah hin zu seinem alten Meister. Ihre Augen trafen sich und im gleichen Augenblick wusste N'Gor-Round, dass er recht hatte.

„Die Entscheidung ist gefallen", stimmte ihm Argalan leise zu und nahm die Schale mit der Brühe. Ihm entging nicht, dass Moohs Hände leicht zitterten. Also fasste er danach und hielt sie fest. Ihr ins Gesicht zu sehen wagte er nicht.

„Meister Argalan wird uns verlassen", sprach N'Gor-Round weiter und sein Blick verlor sich in seinem Freund, dem tanzenden Feuer. „Sein Weg wird ihn nach Westen führen, bis ans kleine Wasser. Das wird er überqueren und im Land hinter den Weißen Klippen wird er den Menschen das Wissen und die Art unserer Schule bringen. Eine eigene Schule sehe ich, ein eigenes Dorf, das er gründen wird. An den Ufern eines Sees im Nebel wird sie liegen."

Argalan lauschte und tat, was er immer tat, wenn er gebannt zuhörte. Er griff in seinen Sack, holte etwas hervor und biss hinein. Sein alter Meister sah es und lachte.

„Das sehe ich jetzt nicht", meinte er dabei, „aber ich weiß es. Rund um das Dorf am See werden Bäume stehen. Bäume voll der Äpfel, die unser Freund Argalan so liebt. Und die Menschen werden es bald nicht mehr das Land des Argalan nennen, sondern das Apfelland."

„Feuer wird es in dem Dorf geben, wie in jedem Dorf", setzte Mooh leise fort, den Kopf abgewandt. „Und in dem Feuer wird dein Meister N'Gor-Round leben. Denn das Feuer ist sein Element und er wird dich nicht verlassen. Mein Element ist das Wasser. Und wann immer du den See siehst, das Glitzern der kleinen Wellen darauf, dann siehst du mich. Denn auch ich werde dich nicht verlassen, wohin du auch immer gehst. Der See wird mein Spiegel sein, und dahinter werde ich auf dich warten."

Sie drehte sich weg und erhob sich, um neue Brühe zu holen. Obwohl keiner der Menschen um das Feuer im Augenblick so recht Hunger hatte.

Die Coilan

Schwer ließ sich der Mann mit dem langen Bart und dem spitzen Hut mit breiter Krempe auf den von der Sonne gewärmten Stein sinken. Weit war er an diesem Tag schon gewandert. Und die helle Sonne in dem fast wolkenlosen Himmel schien beweisen zu wollen, dass nach den langen, dunklen Monaten des Winters schon wieder Kraft in ihr steckte. So lockte sie rings um den Stein die ersten kleinen, grünen Spitzen des Bärlauchs hervor. Er nahm den Hut ab und wischte sich über die Stirn. Der war dick gewalkt, aber schwer und ungewohnt, doch Argalan hatte ihn freudig von den Hirten des Dorfes angenommen, war er doch ein ausgezeichneter Schutz gegen alle Arten des Wetters. Eigentlich war es noch nicht zu spät. Er konnte noch weiter gehen. Schließlich hatte Llaglard ihn mit genauen Anweisungen versehen, wohin er zu gehen hatte, nach wem er zu fragen hatte und wer ihm Schutz und Gastrecht gewähren würde. Und trotzdem entschied er sich dafür, die Nacht hier zu verbringen. Hier am Rand des großen, dunklen Waldes. So viele Jahre hatte er im Schutz dieses Waldes verbracht, dass ihm sein Leben davor wie ein anderes Leben erschien. Seine Sachen legte er neben den Stein und sah kurz über die Päckchen und Bündel. Alles, was er besaß, trug er bei sich, denn er würde nie wieder hierher zurückkehren. Nie wieder, solange er lebte. So viel war sicher. Von seinen Freunden hatte er sich verabschiedet und darum gebeten, nicht begleitet zu werden. Auch von Mooh hatte er sich verabschiedet. Sie hatte er gebeten, ihn auf seiner Reise zu begleiten. Es wäre ihm mehr als recht gewesen, wenn sie ihn in sein neues Leben begleitet hätte. Um es mit ihm zu teilen. Aber sie hatte nur stumm den Kopf geschüttelt und ein wenig geweint.

Argalan war schwer ums Herz. Viel schwerer und dunkler, als er zugeben wollte. Darum sah er eine ganze Weile zu, bevor er begriff, was er da sah. Eine der großen Waldkatzen hatte sich hinter ihm aus dem Gebüsch geschlichen und rollte und streckte sich jetzt wohlig im frischen Gras. Hielt den hellen Bauch mit dem weichen Fell der Sonne entgegen und dehnte sich zu beachtlicher Länge. Dann war da die Hand, sie fasste leicht in das weiche Fell und begann zärtlich zu kraulen. Für einen kurzen Augenblick zuckte das wilde Tier zusammen, sah auf und ließ sich die Liebkosung dann willig gefallen.

„Ich dachte, Waldkatzen und Lebende Bäume sieht man niemals zusammen", brummte Argalan überrascht. Der nackte, verschmierte Junge in der Hocke neben dem großen

Tier lachte nur hell auf. Eine Weile sah Argalan den beiden zu, strich sich über seinen Bart und bemerkte dann: „Ich dachte auch, dass es Lebenden Bäumen nicht gestattet ist, die Grenzen des Dunklen Waldes zu verlassen."

Jetzt lachte der Junge nicht mehr. Er zog die Hand zurück und stand auf. Auch die Waldkatze rollte sich herum, setzte sich hin und sah aufmerksam zu dem Jungen auf. Der Junge erwiderte ihren Blick, dann machte er eine Handbewegung und das sonst so eigenwillige Tier verschwand mit einem anmutigen Sprung im Gebüsch. Argalan war wieder einmal erstaunt, obwohl er die Fähigkeiten seines Sohnes doch kannte.

„Grenzen haben die Menschen geschaffen", meinte der Junge endlich ruhig, „und es ist wichtig für mich, die Werke der Menschen zu kennen. Was aber noch nicht heißt, dass ich mich daran gebunden fühle."

Argalan legte den Hut neben sich und seufzte.

„Es ist zumindest nett, dass du dich an mich gebunden fühlst."

„Ihr seid mein Vater", entgegnete Argan ruhig, aber ohne merkbares Gefühl, „es war meine Pflicht, mich von Euch zu verabschieden."

„Nun, deine Pflicht hast du ja nun erfüllt", entgegnete Argalan enttäuscht.

Hell lachte der Junge auf. Dann kam er herüber und fasste nach Argalans Hand.

„Vater", meinte er offen, „glaubt nicht, es sei mir gleichgültig, dass Ihr uns verlasst. Zwölf Winter wart Ihr immer da, wenn ich Euch gebraucht habe, aber die meiste Zeit habe ich ohne Euch gelebt. Es berührt mich, dass wir uns nie wiedersehen werden, aber ich habe zur Kenntnis genommen, dass es so sein soll, und Eure Aufgabe erfüllt mich mit Stolz. Auch meine Mutter weiß es, obwohl in ihrem Herzen noch die Selbstsucht der Liebe und das Wissen um die Notwendigkeit um das Vorrecht streiten. Aber es wird auch für sie der Tag kommen, an dem sie ohne Harm auf Euch stolz sein kann."

Argalan schüttelte den Kopf und sah ins weite Land hinaus. Auch damit sein so junger und doch schon so verständiger Sohn das verräterische Glänzen in seinen Augen nicht sehen konnte.

„Was tue ich denn schon", begehrte er auf, „wie kann man auf jemanden stolz sein, der wegläuft?"

In einer anmutigen Bewegung setzte sich der Junge zu Füßen seines Vaters und sah nun ebenfalls ins Land hinaus.

„Was Meister N'Gor Euch prophezeit hat, Vater, das ist nur ein Teil", meinte er ruhig und es war nicht nur der veränderte Tonfall seiner Stimme, was Argalan in Bann schlug. „Ihr geht in eine neue Welt. Ein älterer Mann mit langem, grau durchwachsenem Bart und spitzem Hut. Menschen um Menschen werden geboren werden, leben und sterben. Die Völker der Celtoi werden überrannt werden und untergehen. So wie die Völker nach ihnen. Auch dieser Wald wird überrannt werden. Weil die Menschen immer mehr und immer gieriger werden. Sie werden ihn schlagen, brennen, sie werden ihn ernten wie die Früchte des Feldes, und auf diese Weise wird er viel von seinem Alter und seiner Kraft verlieren. Die Lebenden Bäume werden ebenso im Vergessen verschwinden wie der Grüne Mann. Ihr aber, Vater, Ihr tragt das alles in Euch und bringt es in eine neue Welt. Das Wissen um die Celtoi und das Wissen über die Gefolgschaft des Århadha. Weiter als jeder andere vor Euch. Andere mögen Euch vorausgegangen sein, viele mögen Euch folgen, und auch in der Welt hinter den Weißen Klippen wird nichts davon am Leben bleiben. Nur in den ewig gültigen Geschichten der Menschen, da wird der ältere Mann mit dem grauen Bart und dem spitzen Hut bestehen bleiben. In den Geschichten werdet Ihr Drachen bändigen, Ihr werdet großen Königen helfen, dem Land den Frieden zu bringen, und bösen Mächten entgegentreten. Ihr werdet das Symbol für geheimes Wissen und große Weisheit sein, Ihr werdet die Völker des Lichtes vereinen im Kampf gegen die Völker der Dunkelheit. Euer Andenken wird es sein, was von den Celtoi, dem Dunklen Wald und den Druiden der Schule des Århadha die Zeiten überdauern wird. Nichts anderes wird dem Ansturm der Menschen, ihrer Gier und ihrer Sucht nach Neuem widerstehen können. Ihr seid der Funke, der das Feuer in sich trägt. Es schmerzt Euren Sohn, dass Ihr geht, aber es erfüllt Euren Schüler mit Stolz."

„Warum hat N'Gor-Round das alles nicht gesehen", fragte Argalan überrascht.

„Meister N'Gor lebt in der Anderwelt. Und dort werden er und der Dunkle Wald auf ewige Zeiten weiterbestehen. Auch wird es unter den Menschen der kommenden Zeiten immer wieder welche geben, die ihn dort treffen werden. Doch die Anderwelt ist nicht diese Welt. Das Leben ist hier. N'Gor-Round wird in dem Wald bleiben, er wird der Wald werden, das unauslöschliche Feuer im Stein, zu jeder und zu keiner Zeit."

In bedrücktem Schweigen saß Argalan eine Weile, bis er meinte, von seiner Traurigkeit ein wenig abzulenken zu müssen. Darum sagte er: „Du hast nicht erwähnt, dass ich auch das Wissen um die Coilan mit mir nehme."

Zuerst reagierte der Junge überhaupt nicht. Dann, endlich, stand er auf, atmete tief durch und ging zurück in den

Wald. Im ersten Gebüsch blieb er stehen, verschmelzend mit dem Wald, wie es einem Lebendigen Baum zukam. Doch er drehte sich nicht mehr um.

„Ihr wisst nichts über die Coilan, Meister Argalan", kam es endlich trocken über seine Lippen. „Niemand weiß etwas über die Coilan, sie sind schon vergessen worden, und je schneller auch Ihr das tut, umso besser ist es."

„Aber du bist doch ein Coilan, ArHanlaLar!"

Argalan konnte nicht sehen, dass sich langsam ein verächtliches Grinsen auf dem Gesicht des Jungen zeigte. Ein Grinsen, das dieses Gesicht alt, hart und grausam werden ließ. Traurig und müde. Und mit den zunehmenden Schatten verschwamm seine Gestalt immer mehr mit dem Wesen des Waldes.

„Ich bin Argan han'Argalan, Euer Sohn. Ich bin nicht EIN Coilan, ich BIN Coilan. All unsere Kraft haben wir für eine Idee hingegeben und geerntet haben wir dafür einen Fluch. Die Coilan waren da, bevor die Menschen kamen, und sie verschwanden, bevor die Menschen begriffen, dass es sie jemals gegeben hat. Was von ihnen geblieben ist, das lebt im Schatten. Es gibt noch eine Aufgabe zu erfüllen, denn alles, was lebt, erfüllt eine Aufgabe, und bevor dies nicht erfüllt ist, werden die Schatten keine Ruhe finden."

„Was für eine Aufgabe?"

Die Antwort kam nicht widerwillig, eher so wie etwas, das schon viel zu oft gesagt wurde: „Es ist unsere Aufgabe, den Menschen zu dienen und ihnen zu helfen, ihren Weg zu finden."

„Den Menschen, die ihr so verachtet?"

Noch nie war es Argalan wirklich in den Sinn gekommen, dass die Coilan die Menschen verachten würden. Sie mochten sie nicht besonders und mieden sie. Nun, dafür gab es viele gute Gründe. Trotzdem sprach er aus, was er in diesem Augenblick empfand. Wie es so seine Art war.

Der Blick des Jungen wanderte an ihm vorbei in das weite Land, wo die Sonne sich allmählich dazu anschickte, sich mit dem Horizont zu vereinen. Tief atmete er durch, so tief, dass es fast ein Seufzen schien, dann schloss er kurz die Augen und trat noch einmal aus dem Wald. Ein dürrer, nackter Junge, mit Dreck verschmiert, mit Ranken behangen. Einem wilden Tier ähnlicher als einem menschlichen Wesen. Wäre da nicht etwas in seinem brennenden Blick gewesen, das Argalans Zunge lähmte und ihn in ehrfürchtigem Staunen bannte, sein Anblick wäre zum Lachen gewesen. Doch was da vor ihm stand, das war kein kleiner Junge, das war nicht einmal mehr sein eigener Sohn. Nur so viel fühlte Argalan.

„Die Coilan verachten die Menschen nicht. Sie verachten

auch den Hagel nicht, der die Ernte vernichtet, oder den Wolf, der in die Ziegenherde einbricht. Denn jedes Ding ist nach seiner Art. Es macht mich nur traurig und ein wenig wütend, wenn ich sehe, wie die Menschen mit dem umgehen, was die Göttin Brigda ihnen rundherum schenkt. Nichts davon ist ihnen genug, nichts davon ist ihnen gut genug. MEHR ist das Zauberwort der Menschen, ANDERS ist ihre Losung. Über undenkliche Zeiten hinweg lebten die Wesen alle miteinander in enger Verbundenheit, war es den Wesen auferlegt, sich an das anzupassen, was rund um sie geschah. Dem Wort der göttlichen Mutter Folge zu leisten. Die Menschen habe diese Verbundenheit zerschnitten. Sie haben der Bruderschaft des Lebens den Rücken gekehrt und verändern die Welt, wie es ihnen in den Sinn kommt. Sie denken dabei an die nächste Mahlzeit, sie denken an die nächste Ernte. Wenn es besondere Menschen sind, dann denken sie gerade mal an ihre eigenen Kinder. Weise Männer unter ihnen wie Meister Llaglard verlangen, dass man bei jeder Entscheidung sieben Generationen weiter denken soll – aber die Menschen tun es nicht! Es wird eine lange, lange Zeit dauern, in der Brigda zusehen wird, wie die Menschen diese Welt verändern, verwunden und zerstören. So viele Veränderungen hat sie schon gesehen, so viele werden noch folgen. Aber, ich sagte es schon, jedes Leben hat seine Aufgabe. So haben auch die Menschen eine Aufgabe. Sie sehen sie nur nicht. Aber auch ich sehe sie nicht, muss ich gestehen. Ich weiß nur, dass es einen Grund geben muss, warum die Menschen so sind, wie sie sind. Und weil sie so sind, wie sie sind, darum werden sie diese Welt zerstören. Unabsichtlich, aber in ihrer Blindheit und Gier werden sie es versuchen. Weil es ihre Art ist. Doch Brigda ist mächtig, viel mächtiger und weiser, als es sich die Menschen oder die Coilan vorstellen können. Sie wird die Menschen gewähren lassen. Über eine lange Zeit. Bis zu einem bestimmten Tag. An diesem Tag wird sich das Schicksal der Menschen erfüllen. Wäre ich Brigda, ich würde vier von ihnen auswählen, um die Wende einzuleiten. Ich weiß nicht, aus welchem Volk der Menschen sie kommen werden oder ob es Männer oder Frauen sind. Aber ich würde in einem von ihnen die beständige Kraft der Erde lebendig sein lassen, die Kraft des Dunklen Waldes. Einer würde die Kraft des Wassers haben, alles zu durchdringen. Und einer würde mächtig sein wie der Wind, um Verborgenes bloßzulegen und neue Wege zu gehen."

„Die drei Elemente werden leben", nickte Argalan. „Aber du sprachst von vier Menschen. Was ist mit dem vierten?"

„Das Feuer selbst ist kein Element, doch es hat die Macht,

die Welt zu verändern. Der vierte würde die Macht des Feuers in sich tragen. Er würde die Wahrheit herausbrennen und die Menschen festigen. Er wird eins sein mit dem Tod. Wäre ich Brigda. Doch das bin ich nicht. Kein Kind, kein Mann, kein Mensch, kein Baum – das bin ich."